Als die Buchstaben ihr Leben entdeckten

Geschichten und Gedichte von A bis Z

Als die Buchstaben ihr Leben entdeckten

Geschichten und Gedichte von A bis Z

Autorenclub Donau-Ries
www.autorenclub-donau-ries.de

Bibliografische Information der
Deutschen Nationalbibliothek:

Die Deutsche Nationalbibliothek verzeichnet diese Publikation in der Deutschen Nationalbibliografie; detaillierte bibliografische Daten sind im Internet über http://dnb.dnb.de abrufbar.

Der Inhalt dieses Buches ist in allen Teilen urheberrechtlich geschützt. Jede Verwertung außerhalb des Urheberrechts ist ohne ausdrückliche Genehmigung des Autors unzulässig und strafbar. Dies gilt sowohl für Vervielfältigungen, Übersetzungen, Verfilmungen sowie für die Speicherung und Verarbeitung in elektronischen Systemen.

© 2023 Autorenclub Donau-Ries (Hrsg.)

Lektorat/Korrektorat: Uli Karg, Harald Metz,
Ingrid Riedelsheimer, Henrike Straub

Layout und Gestaltung: Henrike Straub

Covergrafik erstellt mit Hilfe von www.wortwolken.com

Herstellung und Verlag: BoD – Books on Demand, Norderstedt

ISBN: 9-7837-4124-2182

Inhalt

Vorwort ... 6
A wie Alphabet, Alter und Abend ... 7
B wie Baum und Bargeld ... 13
C wie Chaos und Chefsache ... 23
D wie Doppeltes, Drachen und Dorf ... 33
E wie Eierlikör und Erneuerte Freundschaft ... 39
F wie Flucht und Fleiß ... 53
G wie Grauhaarig, Geburtstagswunsch, Glatteis u. Gewichtiges. 59
H wie Haus und Hoffnung ... 65
I wie In dieser Stadt und Invasion ... 77
J wie Jedermann und Jäger ... 83
K wie Katzen und Kartoffeln ... 89
L wie Lost Place und Links ... 97
M wie Magie, Mondschein und Mäuseschreck ... 119
N wie Notizen und Neulich ... 133
O wie Oma, Out sein und O weh! ... 139
P wie Praktikum und Passkontrolle ... 147
Q wie Quelle, QR-Code und Quoten ... 163
R wie Rabenweisheit und Rehbock ... 169
S wie Seefahrt und Schnaps ... 173
T wie Töchter, Therapie und Teegenuss ... 177
U wie Urian und Unsterblichkeit ... 185
V wie Vorschule und Vogel ... 193
W wie Winter und Wurzel ... 197
X wie X-fache Änderung und Xanthippe ... 203
Y wie Ysop, Yeti und Yankee Doodle ... 209
Z wie Zeit und Zählen ... 217

Vorwort

Liebe Leserin, lieber Leser,

jeder von uns kennt den Ausspruch: „Wer A sagt muss auch B sagen" oder „von Alpha bis Omega". Wobei bei Letzterem das griechische Alphabet gemeint ist.

Das Buch, das Sie in der Hand halten, birgt Kurzgeschichten, Gedichte und Anekdoten von A bis Z. Eine Aufreihung von interessanten Beschreibungen aus dem Leben oder der Fantasie der Autoren, die Sie bestmöglich unterhalten wollen.

Manches wurde schon einmal veröffentlicht, aber vieles neu geschrieben. Eine bunte Vielfalt von Gedanken aus den Federn heimischer Autoren.

Schenken Sie sich die Zeit und stöbern Sie von A bis Z, schmunzeln oder lachen Sie, lassen Sie Ihren Emotionen freien Lauf, wenn Sie die Geschichten lesen.

Ich versichere Ihnen, die Autoren hatten Spaß daran, dieses Buch mit Texten zu füllen.

Ihr Johann Enderle, Mitglied des Autorenclub Donau-Ries

wie

ALPHABET

ALTER

und

ABEND

Als die Buchstaben
ihr Leben entdeckten

Gertrud Hörr

Eines Tages begann das A plötzlich zu atmen. Sofort schubste es das neben ihm stehende B und flüsterte: „Habe soeben bemerkt, dass ich lebe. Höre einmal auf dein Inneres, ob es dir genauso geht!" Das B versuchte Luft zu holen und nach einigen Bemühungen klappte es tatsächlich. Es freute sich darüber so sehr, dass es zu einem Luftsprung ansetzte und dadurch das neben ihm wohnende C beinahe in die Ecke gekippt wäre. Sofort entrüstete es sich in Richtung des übermütigen Nachbarn und wollte wissen, was das zu bedeuten habe.

Voll Entsetzen bemerkten die übrigen Gesellen des Alphabets, dass in jedem Einzelnen von ihnen Leben eingekehrt war. Sie begannen zu diskutieren und zu rätseln, woher dieses Phänomen plötzlich gekommen war oder weshalb sie es bis zu diesem Zeitpunkt nicht bemerkt hatten. Auf der einen Seite freuten sie sich darüber, aber gleichzeitig wurde ihnen etwas bange und sie wussten nicht, was durch diese neue Situation alles auf sie zukommen würde. Blitzschnell wurde ihnen auch das Chaos klar, das unter ihnen herrschte, und einige hielten sich für besonders wichtig, weil sie zuerst ihr Leben bemerkt hatten und von den Textschreibern oft gebraucht wurden.

Die weniger beachteten Kollegen wie das J, X und Y waren hingegen traurig, dass sie als Letzte von ihrer Lebendigkeit spürten und nur selten zum Einsatz kamen. Das Q jedoch stellte enttäuscht fest, dass es alleine gar nicht überlebensfähig war. Prompt erhielt es Trost vom U, das ihm versprach, es werde stets treu an seiner Seite stehen. Von dieser Zusage ermuntert, kehrte auf der Stelle sein Lebenswille zurück.

Das C dagegen reagierte schlau, suchte Gesellschaft bei vermeintlich wichtigen Kollegen und flirtete ganz ungeniert mit H und K, um unentbehrlich zu sein, wie es meinte. Einige Vokale setzten sich schleunigst ein Krönchen in Form zweier Pünktchen aufs Haupt, um von doppeltem Nutzen und in verschiedenen Verbindungen einsatzfähig zu sein. Schnell jedoch erkannte jeder seinen eigenen Wert und allen wurde klar, wofür sie eigentlich für die Menschen hilfreich waren, sortierten sich in der uns bekannten Reihenfolge und sofort kehrte Frieden unter ihnen ein.

Flink gesellten sich zu den Buchstaben auch kleine Gehilfen wie Punkte, Kommas und einige andere Satzzeichen, ohne deren Einsatz vieles unverständlich wäre. Es erfüllte sowohl die Buchstaben als auch die kleinen Helferlein mit Stolz, in all den verschiedenen Texten Verwendung zu finden und somit eine große Aussagekraft zu haben.

Bei den Kindern in der Schule waren sie für die Leseübung genauso wichtig wie bei den Schreibarbeiten. Als sich auch noch unerwartet die Ziffern zu ihnen gesellten, wurde schlagartig allen bewusst, dass sie für Geschäfte, Handel und im Gesundheitswesen ebenso viel Bedeutung fanden wie in Sachbüchern oder bei Hobbyschriftstellern.

Für die letzte Kategorie tanzten sie besonders gerne auf das Papier und reihten sich nicht selten wie von alleine aneinander. Allerdings kam es auch ab und zu vor, dass Schreiberlinge eine Pause einlegten und die begehrten Buchstaben geduldig warten mussten, bis sie wieder zum Einsatz kamen.

Bei allem Eifer und Einsatzwillen findet manchmal der eine oder andere jedoch nicht den richtigen Platz oder stellt sich nicht dorthin, wohin er eigentlich soll, und deshalb passieren auch die kleinen oder großen Fehler in manchen Texten.

Aber wenn am Ende eine spannende Geschichte oder ein Gedicht das Papier ziert, sind alle miteinander glücklich, dass sie dabei sein dürfen.

Und so stehen sie Tag für Tag parat. Das ist gut, denn wenn es sie nicht gäbe, gäbe es auch dieses Buch nicht.

Enkelgeschichten: Alt und Älter

Harald Metz

Mein Sohn ging mit seiner Familie zum Einkaufen in ein großes Einkaufszentrum, welches auch über ein gemütliches Café verfügt.

Die beiden Enkelkinder, damals viereinhalb und drei Jahre alt, spielten derweil, als sich eine schon sehr alte Dame an den Nebentisch setzte. Die viereinhalb Jahre alte Clara musterte diese Dame einige Zeit und sagte dann zu ihr: „Gell, du bist aber schon eine sehr alte Oma."

Daraufhin sagte die Dame: „Ja, ich bin schon sehr alt."
Kurz darauf kam eine etwas jüngere, aber auch schon als ältere Dame zu bezeichnende Frau und setzte sich zu der „sehr alten" Dame. Clara sprach auch diese an: „Du bist

auch schon eine alte Oma", woraufhin die „sehr alte" Dame sofort Einspruch erhob und meinte: „Das ist meine Tochter." Clara stutzte, überlegte und meinte nun zu der „sehr alten Dame": „Wenn du schon eine so alte Tochter hast, dann musst du ja steinalt sein!"

Daraufhin gab der dreijährige Dominik nur einen kurzen, aber bestimmten Kommentar ab: „Dinosaurier!"

Die Mutter der beiden Kinder hätte sich in diesem Augenblick am liebsten mit der Bemerkung davongeschlichen: „Das sind nicht meine Kinder!"

Abendstimmung

Gabriele Walter

Kein noch so kleines Wölkchen unterbricht die unendliche Weite des wolkenfreien Himmels. Obwohl ein laues Lüftchen die Hitze des Tages auf wohltuende Weise vergessen lässt, ist es immer noch angenehm warm.

Das Leben pulsiert nur noch leise und doch ist es so präsent. Schmetterlinge flattern von Blüte zu Blüte und Vögel suchen sich ihren Weg hoch oben am Himmel oder sitzen an Dachgiebeln und zwitschern ihr Abendlied. Irgendwo zirpt eine Grille. Bienen und Hummeln summen, brummen und laben sich an mannigfaltigen Blütenstauden, angelockt von deren süßen Düften und der überwältigenden Farbenpracht.

Ja, die Luft ist erfüllt vom Duft des Sommers. Wortfetzen und fröhliches Kinderlachen lassen darauf schließen, dass die Nacht den Tag noch nicht vertrieben hat. Glockenklang aus der Ferne – achtmal, zum Dank für ein gelungenes Tagwerk.

Im Westen, da wo die Sonne untergeht, taucht ein prächtiges Abendrot aus allen Facetten von Rottönen den Horizont in ein magisches Licht. Immer wieder, so wie die Sonne sinkt, blinkt ein goldener Schein durch die Zweige der Bäume. Doch unaufhaltsam weicht das Tageslicht dem Dunkel der Nacht.

Ab und zu noch das kurze Zwitschern eines Vogels, wie das Aufbegehren gegen die zunehmende Dunkelheit oder einen Gefährten, der ihm seinen Platz streitig machen will. Bienen und Hummeln schweigen und auch die Schmetterlinge haben sich einen Platz für die Nacht gesucht. Kein Kinderlachen durchbricht die Stille. Allein das Zirpen der Grillen und das sanfte Rascheln der Blätter bleibt, als sich im Südosten die Sichel des Mondes zeigt.

wie

BAUM

und

BARGELD

Der Baum

Gabriele Walter

Der alte Mann hatte fast die ganze Welt bereist. Jedoch müde vom Reisen kehrte er in sein Heimatdorf am Rande der Alpen zurück. Er war nicht ohne Geschenk zurückgekommen.

Ihr wollt wissen, was der Alte in seinem Gepäck hatte? Es handelte sich um einen Samen, etwa so groß wie ein Kürbiskern. Allerdings schillerte er in allen Regenbogenfarben. Natürlich wollte der Alte den Samen in seiner Heimat einpflanzen, denn er wusste um dessen Geheimnis. Doch das würde nicht einfach werden, da nur eine reine Seele diesen der Erde übergeben konnte. Denn nur dann vermochte der daraus wachsende Baum auch Früchte zu tragen. Die Seele des Alten war nicht mehr rein genug. Er hatte in seinem langen Leben viel gesehen und erlebt. Nicht immer war er ehrlich gewesen und das eine oder andere Mal hatte er nicht rechtens gehandelt. Doch je älter er geworden war, umso weiser war er auch geworden und er hatte längst begriffen, was wirklich wichtig war. Die Liebe allein war das Wichtigste im Leben und all die Taten, die aus Liebe geschahen und noch geschehen würden.

Wie aber war der Alte an den Samen gekommen, obwohl er doch anscheinend nicht würdig war, ihn auch zu pflanzen? Ich bin davon überzeugt, dass derjenige, der ihn an jenen Ort geführt hatte, um dessen gutes Herz wusste.

Der Alte hatte die Nacht im Schuppen eines freundlichen Bauern verbracht. Es war noch früh am Morgen, als er sich auf den Weg machte, um einen vor ihm liegenden Wald zu durchqueren. Nachdem ihm die Bäuerin eine Flasche Wasser und einige Brote gereicht hatte, schulterte er seinen Rucksack und ging los. Gegen Mittag, die Sonne stand hoch über dem Horizont und brannte heiß vom Himmel, suchte er sich einen schattigen Platz. Als er etwas abseits des Pfades eine reich belaubte Linde entdeckte, entschloss er sich dort zu rasten. Er trank das Wasser und aß die belegten Brote. Zufrieden schloss er danach die Augen, um ein wenig auszuruhen.

Als er wieder erwachte, dämmerte es bereits. Er blickte sich etwas verwirrt und suchend um, da er sich nicht mehr erinnern konnte, in welche Richtung er gehen musste, um zum nächsten Dorf zu gelangen. Da er fest an Gottes Führung glaubte, die ihn auf all seinen Wegen geleitet hatte, vertraute er auch heute auf dessen Beistand und ging einfach los. Immer tiefer kam er in den von Menschenhand unberührt anmutenden Wald. Nach etlichen Strapazen und während die Sonne nur noch schwach durch das Geäst drang, suchte er sich ein Plätzchen, an dem er die Nacht verbringen konnte. Doch plötzlich tat sich der Wald zu einer Lichtung auf und er entdeckte einen malerischen, geradezu paradiesisch anmutenden Ort. Ein Bächlein schlängelte sich durch die weitläufige Blumenwiese, gelangte nach einen kleinen Hügel geradewegs auf das Rad einer Mühle und floss weiter, vorbei an wunderschönen weißen Häusern. Überall hingen und standen Blumenkästen. Es gab Gemüsebeete und Obstbäume. Kühe, Ziegen und Schafe grasten friedlich auf den Weiden. Ein Hund bellte und ein anderer antwortete, während ein stattlicher rotgetigerter Kater vertrauensvoll um die

Beine des Alten strich. „Na, wo kommst du denn plötzlich her?" Er bückte sich, streichelte über das Fell des Tieres und ließ seinen Blick erneut über den Ort streifen. Ja, so hatte er sich stets das Paradies vorgestellt.

Ihr fragt euch sicher, wie es sein konnte, dass niemand zuvor von diesem wundervollen Ort gehört, geschweige denn ihn entdeckt hatte? Nun ja, möglicherweise lag es daran, dass der Ort kaum zugänglich inmitten des fast undurchdringlichen Waldes lag. Vielleicht wurden auch nur ganz besondere Menschen dorthin geführt. Der Alte fragte nicht danach.

Als er die Bewohner des Dorfes kennenlernte, war er überrascht von der Liebe und Glückseligkeit, die alle umgab. Sie schienen nicht mit Reichtümern gesegnet zu sein und es gab keine einzige technische Errungenschaft, die von der Menschheit außerhalb dieses Ortes so hochgepriesen wurde.

Dennoch konnte er die Zufriedenheit, die diese Menschen umgab, fast körperlich spüren. Sie hießen ihn herzlich willkommen und boten ihm Früchte an, die er zuvor nie gesehen hatte. Doch sowie er von der ersten Frucht gekostet hatte, übermannte ihn ein unbeschreibliches Glücksgefühl und unermessliche Liebe zu allem, was ihn umgab. Zu diesem Zeitpunkt konnte er sich noch nicht vorstellen, dass die unbeschreibliche Freude, die er in seinem Herzen spürte, mit den Früchten zu tun haben könnte, die man ihm so freigiebig anbot, sondern allein mit der Freundlichkeit der Menschen, für die er sehr dankbar war.

Er blieb viele Wochen an diesem Ort und wäre am liebsten für immer geblieben. Eines Morgens jedoch erwachte er und wusste, dass es Zeit war, Abschied zu nehmen. Der Dorfälteste lächelte, als ihm der Alte, der zu einem guten Freund geworden war, von seinem Vorhaben berichtete. Er legte ihm einen einzigen Samen in die Hand, nachdem er ihm das Versprechen abgenommen hatte, niemals zu verraten, woher dieser stammte. Inzwischen hatte der Alte natürlich längst erfahren, was es mit den so köstlich schmeckenden Früchten auf sich hatte. Außerdem erklärte ihm der Dorfälteste, wie der Samen gepflanzt werden musste, damit er auch Früchte tragen konnte. „Doch bedenke, Freund, die Früchte können die Menschen glücklich machen, aber deren Seelen erreichen sie erst, wenn diese bereit dafür sind", warnte er.

Einige Tage, nachdem der Alte zu Hause angekommen war, erkannte er die Sorgen und Existenzängste der Dorfbewohner. Er erfuhr von Krankheiten, Tod und Trauer. Sein Herz wurde schwer. Er dachte darüber nach, den Samen zu pflanzen. Doch wo konnte er eine reine Seele finden? Da kam ihm eine Idee. Er versammelte die Kinder des Ortes um sich, die nicht älter als drei Jahre waren. Einige Tage beobachtete er die Kinder, die sich in seiner Nähe sehr wohl zu fühlen schienen, sich gerne mit ihm unterhielten und seinen Geschichten lauschten. Olivia, ein zartes Mädchen mit rabenschwarz glänzendem Haar und strahlend blauen Augen, das sich wild und lebensfroh gab, im Umgang mit der Natur jedoch besonders vorsichtig und liebevoll handelte, erregte seine Aufmerksamkeit. Sie wählte er aus, um den Samen in die Erde zu legen. Nachdem er ihr seinen Wunsch vorgebracht und ihr erklärt hatte, was er von ihr erwartete, lächelte Olivia und nach einigen Sekunden nickte sie.

Der Alte hatte bereits einen Blumentopf mit Erde bereitgestellt, in dem das Pflänzchen zunächst heranwachsen sollte. Jeden Tag besuchte Olivia den Alten und schaute erwartungsvoll in den Blumentopf. Nach einigen Tagen schob sich ein grünes Köpfchen aus der Erde. Helle Freude ließ das Kind in die Hände klatschen.

Und dann war es so weit, das Pflänzchen war etwa zehn Zentimeter hoch gewachsen, als Olivia es an einen sonnigen Platz im Garten des alten Mannes pflanzen durfte. Das Mädchen ließ es sich nicht nehmen, zunächst das Pflänzchen und das wunderbarerweise bereits nach wenigen Monaten herangewachsene kleine Bäumchen zu hegen und zu pflegen. Nachdem das Bäumchen den Winter überstanden hatte, trug es die ersten Blüten. Von nun an warteten der Alte und das Mädchen auf die Früchte.

Nach der ersten Ernte stellten sie fest, dass der Baum gerade so viele Früchte getragen hatte, wie Menschen in dem Dorf lebten. So konnte jeder einmal von den Früchten kosten. Alle waren begeistert von deren Geschmack. Weil sie sich danach so glücklich fühlten, hätten sie gerne mehr davon gegessen. Der Alte bat um Geduld und versprach für das nächste Jahr viele Früchte, da aus dem kleinen Bäumchen im Laufe des Jahres ein stattlicher Baum geworden war.

Und wie er es versprochen hatte, trug der Baum unzählige Blüten, schon als noch Schnee auf den Dächern der Häuser lag. Und nicht nur im Frühling, nein, der Baum blühte das ganze Jahr über bis spät in den Herbst hinein. Bienen, Hummeln und Schmetterlinge ergötzten sich daran. In diesem Jahr gab es schon im Sommer die ersten Früchte. Den ganzen Herbst und selbst während des Winters konnten welche geerntet werden, bis der Baum im Frühling wieder Blüten trug und erneut Früchte hervorbrachte. Doch immer noch waren es nicht genug.

Alle Dorfbewohner wollten einen eigenen Baum in ihren Gärten. Sie besprachen sich hinter dem Rücken des Alten und pflanzten die Samen – die schließlich jede Frucht im Inneren trug – in ihre Gärten. Die Bäume wuchsen, sie bekamen grüne Blätter, doch sie blühten nicht und so konnten sie auch keine Früchte tragen. Die Menschen wurden wütend auf den Alten, da ihnen klar wurde, dass es ein Geheimnis um den Baum geben musste, das er ihnen verheimlicht hatte. Natürlich fragten sie ihn danach. Doch der Alte schwieg. Ein junger Mann mit großem Mundwerk glaubte zu wissen, wie man dem Alten das Geheimnis entlocken könnte. Der Baum, so verkündete er, müsse lediglich abgesägt werden. Der Alte würde sicher einen neuen Baum pflanzen und dabei konnten sie ihn dann beobachten. Gesagt, getan – der Baum wurde gefällt.

Als der Alte das sah, erinnerte er sich an die Worte seines Freundes. Er erkannte, dass er einen Fehler begangen hatte. Die Seelen der Dorfbewohner waren für die Segnungen der Früchte noch nicht bereit. Was hatte er getan? Er wollte doch Gutes bewirken und die Menschen gesund und glücklich sehen. War er anmaßend und egoistisch gewesen? Hatte er etwa tief in sich erwartet, dass die Leute etwas Besonderes in ihm sehen würden? Nein, das erkannte er in aller Klarheit. Er hatte sich über deren anfänglichen Dank gefreut. Ja, er musste zugeben, deren Dank hatte ihm schon ein wenig geschmeichelt. Doch viel mehr hatte er sich über deren Wohlergehen gefreut, das Friedvolle und die Liebe, die sie sich gegenseitig zukommen ließen. Mit der Gier jedoch, die wohl unterschwellig noch in den Menschen steckte, hatte er nicht gerechnet. Traurig und zutiefst enttäuscht von seiner Familie, den Freunden und den anderen Dorfbewohnern packte er einige Samen und Proviant in seinen Rucksack. Er würde keinen weiteren Baum pflanzen.

Allein der inzwischen sechsjährigen Olivia erklärte er sein Vorhaben. Das Mädchen lächelte, nickte und versprach das Geheimnis zu wahren.

Der Alte hätte die Bäume gerne überall auf der ganzen Welt gepflanzt. Doch er musste erkennen, dass die Menschen ein so großes Gottesgeschenk noch nicht zu würdigen wussten. Der endlose Frieden würde vielleicht nie über die Erde kommen. Aber wer weiß, eines Tages würde Olivia sich vielleicht an diese Geschichte aus ihrer Kindheit, den alten Mann und seine Worte erinnern. Sie würde den Berg hochsteigen zur Almhütte des Alten und den dort, in einem Geheimfach unter einer bestimmten Bohle verborgenen Samen an sich nehmen. Sie würde ein Kind mit reiner Seele finden, das den Samen erneut der Erde übergeben konnte. Wer weiß, vielleicht war dann die Zeit reif und die Menschheit bereit für den Baum, der Himmelsfrüchte trug.

Er selbst wäre dann längst am schönsten Ort der Welt und hätte dort seinen Frieden gefunden.

Maulwürfe waren bares Geld

Gertrud Hörr

Alfred verdiente sich in seiner Jugendzeit Taschengeld, indem er Maulwürfe mit Hilfe von Fallen fing. Pro gefangenen Maulwurf bekamen die Fallensteller 50 Pfennig. Es genügte, die Schwänze der Tiere abzuliefern. Seine Kameraden gingen der gleichen Tätigkeit nach. Jeder der Burschen besaß drei bis vier Fallen. Diese mussten regelmäßig kontrolliert und neu aufgestellt werden. Es war ein rentables Geschäft.

Irgendwann beobachteten sie jedoch, dass ein älterer Mann auf Heißesheimer Flur gleich bis zu zwanzig Fallen auf einmal aufstellte und ihnen sozusagen ihre Beute vor der Nase wegschnappte. Das wollten sie sich nicht gefallen lassen. Schließlich war er kein Heißesheimer Bewohner. Also gingen sie durch die Reihen und klopften mit einem Stecken auf die Fallen, um auszulösen, dass sie zuschnappten, ohne dass der Herr Beute machte. Das war jedoch nur ein kurzes Erfolgserlebnis, das ihnen nichts einbrachte. Sie hatten schnell eine bessere Idee. Sie beobachteten, zu welchen Zeiten der Fallensteller jeweils kam, und wussten auch sehr genau, wann die Maulwürfe am aktivsten waren.

Also kontrollierten sie die Fallen des Mannes, zogen sie aus dem Boden, schnitten den Tieren die Schwänze ab und steckten sie wieder zurück. Als sie so ihre Beute machten, hatten sie Spaß an der Arbeit des Herrn. Diesem jedoch verging alsbald die Freude, auf Heißesheimer Flur Fallen aufzustellen, da er wohl erkannte, dass er auf fremdem Boden nicht erwünscht war.

An einigen Stellen gab es auch Wühlmäuse. Entdeckte Alfred einen Bau einer solchen mit Familie, machte er kurzen Prozess. Es war zu dieser Zeit erlaubt, alles zu bekämpfen, was als Schädlinge anerkannt war. Also nahm er einen Schlauch und leitete die Abgase seines Mopeds in den Wühlmausbau. Dort ertönte kurz ein jämmerliches Geschrei, das bald verstummte. Als eine Weile Ruhe herrschte, grub er den Bau auf und stellte fest, dass es das Zuhause einer stattlichen Wühlmaus mit sechs Jungen war. Da Wühlmäuse grau sind und lange Schwänze haben, waren sie mit den Maulwürfen nicht zu verwechseln. Alfred wäre nicht Alfred, hätte er nicht die passende Idee, Geld zu verdienen. Er schnitt die Schwänze der jungen Wühlmäuse in kurze Stücke und malte sie mit schwarzer Schuhcreme an. So mischte er immer wieder welche unter die Maulwurfschwänze und lieferte sie in der Gemeinde ab. Der Herr, der sie dort entgegennahm, zahlte den Lohn für die Arbeit aus und verbrannte die Teile. Er hatte nämlich erfahren, dass der vorher für diese Aufgabe zuständige Ortsvorsteher in Heißesheim die Maulwurfschwänze nur durch sein Küchenfenster auf den Misthaufen kippte. Das war ein Fehler. Als er anschließend aufs Feld fuhr, sammelte Alfred die Teilchen kurzerhand wieder ein, um am anderen Tag erneut abzukassieren.

Der Gemeindemitarbeiter dachte, durch Verbrennen der Beweisstücke nicht gelinkt zu werden, bemerkte jedoch nicht, dass er auf ganz andere Weise abgezockt wurde.

wie

CHAOS

und

CHEFSACHE

Chaos mit Folgen

Autorengemeinschaft

Unwirsch stapft Adrian in seiner Wohnung herum. Er kann nicht hinaus, er darf nicht hinaus, die augenblickliche Situation lässt es nicht zu. Die Untätigkeit bringt ihn zur Weißglut und entnervt packt er eine herumstehende Tasse und schmettert sie gegen die Wand, sodass sie in tausend Stücke zersprungen auf dem Küchenboden landet. Jetzt muss er sie wohl oder übel zusammenkehren, er kann ja nicht ständig über die Scherben laufen. So ganz nebenbei putzt er noch den Rest des Bodens und nimmt sich die Küchenschränke vor. Die Beschäftigung lässt seine Wut etwas verrauchen, er kann sich ein Schmunzeln nicht mehr verkneifen. Wie hatte doch seine Mutter vor ein paar Tagen gemeint: „Das, was da auf dich zukommt, wäre gar nicht so übel! Dann kannst du deine Bude mal wieder auf Vordermann bringen. Es ist dringend nötig – und ich mach' das bestimmt nicht!" Na, so ganz unrecht hat sie wohl nicht, muss Adrian selbst zugeben. Ist wirklich ziemlich nötig.

Aber es ist irgendwie eigenartig: Immer wenn von Ordnung halten die Rede ist, fällt ihm der wunderbare Spruch ein: „Nur der Stümper braucht die Ordnung, das Genie beherrscht das Chaos." Wenn er das Durcheinander in seiner Wohnung ehrlich beurteilt, muss er wohl eine einmalige Geistesgröße sein.

Nun ja, der Abfallkorb hat seine Aufnahmefähigkeit seit Tagen überschritten. „Mein Zimmer spiegelt doch genau die Situation, die momentan auf dem ganzen Globus vorzufinden ist. „Da", so brummt Adrian vor sich hin, „ist das

Tohuwabohu noch viel, viel größer." Wenngleich Experten in aller Welt, so hört er es permanent aus Radio und Fernsehgerät, Ratschläge zu den vielfältigen Problemen feilbieten.

Er starrt auf einen alten Schuhkarton, der schon seit Wochen neben seinem Schreibtisch auf dem Boden lagert. Neugierig geworden, was er wohl beinhaltet, entfernt er den Deckel. Alte Fotos liegen ungeordnet bis zum Rand in der Schachtel. Ein ganzer Berg Bilder. Jäh schießt der Gedanke durch seinen Kopf: „Bilderberger!" Dieser mysteriöse Club, der die Weltherrschaft anstrebt, steckt hinter der ganzen Katastrophe! Aber Adrian, kein Anhänger von Verschwörungstheorien, lacht schelmisch, als ihm der Geheimrat Goethe und dessen Gedicht „Der Zauberlehrling" in den Sinn kommt. Eigentlich müsste doch auch bei Wilhelm Busch etwas Passendes zu finden sein. Er sucht im Bücherschrank nach dessen gesammelten Werken. Aber er findet sie nicht.

Vielleicht ist es doch eine Überlegung wert, etwas Ordnung zu schaffen, und augenblicklich verwirft er diesen Gedanken wieder. Es muss ja nicht gleich sein.

Also weitergestöbert in diesen alten Fotos.

Da fällt ihm ein ganz zerknittertes Bild in die Hände. Verträumt starrt er darauf und erinnert sich an seinen ersten Urlaub mit den Eltern. Hier hatte er noch sein kleines Stofftierchen, das er als Kind so liebte, in den Händen.

„Ach Adrian", seufzt er zu sich selbst, „bist schon ein seltener Vogel. Da sitzt du mitten in deinem Durcheinander und kramst Erinnerungen aus der Kindheit hervor. Die lassen mich fast sentimental werden. Diese Seite an mir mag ich gar nicht."

Aber irgendwo in diesem Chaos müsste das ausgefranste Etwas vielleicht zu finden sein.

Als er sich so umsieht und überlegt, muss er lauthals loslachen.

„Eigentlich", denkt er, „ist es doch ganz interessant, auf Entdeckungsreise in der eigenen Wohnung zu gehen. Wenn jetzt alles geordnet und aufgeräumt wäre, gäbe es diese geliebten Überraschungsmomente gar nicht."

Wäre schade darum.

Jäh schreckt ihn ein Geräusch aus seinen Gedanken. Etwas – oder jemand – klopft an seine Haustüre. Es klopft? Er hat doch eine Klingel, warum wird nicht geklingelt?

Während er sich mühsam aus seiner unbequemen Haltung aufrichtet, schießen ihm tausend Gedanken durch den Kopf: Die Bilderberger-Verschwörer?! Die Mafia?! Der Katastrophenschutz?! Die Polizei?!

Kopfschüttelnd ob seiner abstrusen Gedanken hinkt er Beine schüttelnd durch sein Wohnzimmer auf den Flur, während sich das Klopfen immer lauter bemerkbar macht.

„Ich komm ja schon!" Verärgert, dass er aus seinen Gedanken gerissen worden ist, schlurft er zur Wohnungstür, späht vorsichtig durch den Spion und entdeckt einen Mann in Uniform, den er noch nie gesehen hat. Vorsichtig öffnet Adrian die Tür nur einen Spalt.

„Guten Tag, Ihre Klingel ist kaputt!", sagt der Uniformierte in einem Ton, der wie eine Entschuldigung klingen soll. „Ich musste klopfen!"

„Ah, deshalb", murmelt Adrian und fügt lauter an: „Wer sind Sie?"

„Ist Ihr Vorname Adrian?", kommt die Gegenfrage.

„Warum wollen Sie das wissen?"

„Ich musste diesen Zustellungsbezirk übernehmen. Mein Kollege ist in Quarantäne. Ich habe eine Rücksendung für Adrian. Den Nachnamen des Absenders kann man nicht mehr genau lesen. Kein Wunder, der Brief war ja ewig unterwegs. Aber die Anschrift hier stimmt. Sind Sie nun Adrian?"
Dieser nickt und sieht den Herrn fragend an, der ihm einen völlig zerknitterten Umschlag vor die Nase hält.
„Sagt Ihnen dieser Brief etwas?" Der Bote wird ungeduldig.
Adrian starrt auf das Kuvert und erkennt seine eigene krakelige Handschrift. Neben der Adresse steht auf einem Aufkleber „Zurück", und vor den verschiedenen Möglichkeiten ist ein Kreuzchen bei „Empfänger unter dieser Adresse nicht zu ermitteln".
Die Briefmarke ist abgestempelt am 12.12.2015.
Mit weit aufgerissenen Augen schaut er auf den Umschlag. Die Gedanken in seinem Kopf stolpern durcheinander.
„Sind Sie nun der Absender?", reißt ihn der Postler aus seiner geistigen Reise in die Vergangenheit. „Ich muss weiter!"
„Ja, geben Sie her und – danke." Adrian nimmt das Schriftstück an sich und schließt die Türe.
„Aber das gibt es doch nicht! ", murmelt er. „Da denke ich nach so langer Zeit an die Bilderberger, und jetzt kommt dieser Brief zu mir zurück! Außerdem", ergänzt er sich selbst, „die Postboten tragen doch seit Langem keine solchen Uniformen mehr!"
Den Brief in der Hand erinnert Adrian sich. Es waren die wilden Zeiten, als er mit seinen Freunden herumhing. Längst wurden scharfe Miezen statt flauschiger Stofftierchen im Arm gehalten, zumindest prahlte man damit.

Die Clique hatte von der Bilderberger-Konferenz gehört und begann fasziniert und mit viel Spaß, selbst solche Treffen abzuhalten. Da das Geheimhalten ja ein wichtiger Teil der Konferenzen war, kam Fred eines Tages mit einem Vorschlag: „Jeder schreibt eine ungewöhnliche Idee, eine Verschwörung, vielleicht aber auch einen Lebensplan oder ein echtes Geheimnis auf einen Zettel. Diese geben wir dann in einen Pott. Jeder zieht blind einen heraus, steckt ihn in ein Kuvert und adressiert den Brief an wiederum irgendjemanden aus der Gruppe."

Dies wurde mit Begeisterung umgesetzt. Die Spannung stieg mit jedem Wort, das geschrieben wurde, und am Ende waren alle offensichtlich von ihren eigenen Worten überrascht und sehr nervös, als die Zettel gezogen wurden. Wer von den Freunden wohl diese Zeilen einmal lesen würde?

Adrian bekam den Auftrag, irgendwann die Briefe in den Postkasten zu werfen. So sollte jeder ganz unvorbereitet einen Brief und damit das Geheimnis eines der Freunde erhalten – oder womöglich seine eigenen Zeilen!

Seinen Brief mit den Worten von …, ach ja, Adrian erinnert sich wieder – es war tatsächlich der Zettel von Fred, den Inhalt weiß er allerdings nicht mehr. Nun, diesen Brief hatte er schon bald nach der Absendung erhalten.

Dieser verknitterte Brief hier aber hat wohl eine Odyssee hinter sich, hat sein eigentliches Ziel nie erreicht und kam wunderbarerweise zu ihm als Absender zurück.

Adrian setzt sich aufgeregt mitten in sein Chaos. Wessen Geheimnis er wohl gleich zu lesen bekommt? Womöglich ist es das, was er selbst geschrieben hat! Was war das noch mal?

Bevor er jedoch den Umschlag öffnet, sieht er noch kurz die restliche Post durch, die ihm der Briefträger gegeben hat. Eine Rechnung – beiseitegelegt. Ein Werbeprospekt – Ablage P wie Papierkorb. Bleibt noch ein Infoschreiben der Post, dessen Kuvert er aufreißt. Der Inhalt des zwar kurzen, jedoch persönlichen Schreibens gibt ihm Aufschluss darüber, weshalb sein vor Jahren abgeschickter Brief nie an seinem Ziel angekommen und stattdessen jetzt wieder in seine Hände gelangt ist: „Ein Aushilfskollege hatte schlichtweg vergessen, ihn beim Empfänger einzuwerfen. Anschließend landete er irgendwo in einer Schreibtischablage, wo sich bis vor Kurzem scheinbar niemand zuständig gefühlt hatte. Erst ein gewissenhafter Mitarbeiter nahm sich schließlich des Briefes an, um diesen zuzustellen. Der Empfänger war jedoch an dieser Adresse nicht mehr erreichbar", liest Adrian die handschriftlichen Zeilen, die – kaum gelesen – vor seinen Augen zu verschwinden scheinen. Was soll das? Was ist hier los? Gibt es da vielleicht doch eine Verschwörung? Gegen ihn selbst?

Entsetzt legt er das Schreiben zur Seite und nimmt den zerknautschten Brief wieder zur Hand. Kurz denkt er an Max, der ihn ursprünglich erhalten sollte.

Es war schon merkwürdig damals. Max war sein bester Freund gewesen. Er hatte von einem Tag auf den andern die Clique verlassen, aber keinem gesagt weshalb.

Adrian überlegt, ob er damals wohl beleidigt war, weil er, wenn auch auf Grund eines Zustellfehlers, als einziger keinen geheimen Brief erhalten hatte. Kurze Zeit später war die Familie von hier weggezogen. Von Max selbst hatten sie nie wieder etwas gehört.

Adrian denkt einen kurzen Moment nach, dann nimmt er sein Telefon zur Hand. Es ist höchste Zeit, einmal wieder ein Bilderbergertreffen zu veranstalten. Gerade als er eine Nummer wählen will, schrillt der Apparat, dass er beinahe den Hörer aus der Hand fallen lässt. Dann vernimmt er auch schon die aufgeregte Stimme seines alten Freundes Max. Voll freudiger Überraschung ruft, ja schreit Adrian beinahe, dass er gerade versuchen will, ein Bilderbergertreffen zu organisieren, um die gemeinsamen Jahre in Erinnerung zu rufen. Max wiederum erzählt ihm von seiner neuen Wohnung in der alten Heimat und verspricht, umgehend bei Adrian vorbeizukommen. Gemeinsam würde es doch viel mehr Spaß machen, solche Planungen voranzutreiben. Da läutet es auch schon an der Wohnungstür. Max? Unmöglich, steht er etwa schon vor der Tür? Ist die Klingel doch nicht kaputt?

Immer schriller und aufdringlicher dringt das Läuten in Adrians Bewusstsein ...

***

Verschlafen tappte Adrian auf den schrill läutenden Wecker, setzte sich im Bett auf und schüttelte, immer noch schlaftrunken, den Kopf.

Es war alles nur ein Traum! So real – aber eben nur ein Traum.

Es gab kein Eingesperrtsein und keine Bilderberger. Es gab keine Verschwörung, keine nachgespielte Konferenz und keinen Brief. Es gab nur den alten Schuhkarton, den Adrian am Abend vorher durchgesehen hatte. Es gab das besondere Datum, das auf der Rückseite eines der Fotos notiert war. Und es gab Max, den seit Langem verschollenen Freund.

Höchste Zeit, sich auf die Suche nach ihm zu machen!

Alfreds Bleifuß

Gertrud Hörr

Alfred hatte von seinem Chef den Auftrag, gemeinsam mit Kollegen eine Messe in Dortmund zu besuchen. Da diese Fahrten zum jährlichen Pflichtprogramm gehörten, kannten sie diese Strecke bereits und wussten sehr genau, dass an einer bestimmten Stelle die Geschwindigkeit begrenzt war und auch von unseren Staatsdienern regelmäßig Messungen durchgeführt wurden. Also machten sie sich noch gegenseitig aufmerksam, dies auf dem Heimweg nicht zu vergessen. Da es sich um eine Fahrt im Auftrag der Firma handelte, durfte er dazu das Auto des Chefs benutzen. Dieser Herr war stets im Besitz PS-starker Fahrzeuge, die auch immer mit der neuesten Technik ausgestattet waren, wie zum Beispiel ABS, was zu jener Zeit purer Luxus war. Schließlich war er selbst ein leidenschaftlich flotter Fahrer.

Nach mehr oder weniger anstrengenden Tagen auf der Messe unterhielten sie sich auf der Heimfahrt angeregt über dieses und jenes. Alfreds Fuß lag schwer auf dem Gaspedal, ging es doch in Richtung Heimat und der Verkehr auf den Autobahnen war damals noch überschaubar. Plötzlich bemerkten sie, dass sie sich der besagten Kontrollstelle näherten. Geistesgegenwärtig wechselte Alfreds Fuß die Pedale und trat das Bremspedal heftig durch. Leider etwas zu spät, es blitzte.

Kurz nach diesem Ereignis hatte Alfred Urlaub. Eines Tages rief ihn sein Chef an und fragte, ob er Zeit habe, kurz in sein Büro zu kommen. Sie vereinbarten eine Uhrzeit und als Alfred die Tür dorthin öffnete, saß sein Arbeitgeber hinter seinem Schreibtisch. Als er Alfred sah, nahm er einen Brief zur Hand und fragte kurzerhand: „Und, Alfred, hast du mir was zu sagen?" Alfred wusste nicht recht, was er antworten sollte und fragte nach. Der Chef wollte wissen, ob er auf dem Heimweg von der Messe der Fahrer gewesen sei. Als Alfred dies bejahte, erklärte er, dass er ein Schreiben bekommen habe. Der Fahrer des Fahrzeugs sei an einer bestimmten Stelle auf dieser Strecke viel zu schnell unterwegs gewesen. Alfred antwortete daraufhin: „Ich hab doch noch gebremst, hat das nicht mehr gereicht?" Sein Gegenüber meinte, das würde man auf dem Foto sehr wohl erkennen und legte ihm das Schreiben vor. Auf dem Bild sah man an den Gesichtszügen, dass der Fahrer reagierte, und eindeutig war zu sehen, dass alle vier Reifen des Fahrzeuges durch die starke Bremseinwirkung qualmten. Anhand dieser Aufnahme erschrak Alfred ein wenig, konnte jedoch ein Grinsen nicht ganz unterdrücken. Daraufhin meinte sein Chef noch: „Also, die Geldstrafe begleiche ich, den Punkt in Flensburg musst du aber auf dein Konto nehmen." Mehr gab es für diese Aktion damals nicht.

Alfred war froh über die verständnisvolle Reaktion des ebenfalls flotten Wagenbesitzers, und da sein eigenes Punktekonto noch leer war, nahm er diesen Vorschlag dankbar an.

wie

DOPPELTES

DRACHEN

und

DORF

Doppelbuchstabengemoppel

Uli Karg

Emma und Lilly, genannt das doppelte Lottchen, beginnen mit Vorbereitungen für ein Abendessen mit Freundinnen. Lilly holt das letzte Glas Brombeerkompott aus dem Keller und will es in Schüsselchen füllen. Mist! Verschimmelt. Wütend und aggressiv zerdeppert sie einen Porzellanteller. Als Dessert gibt es dann nur Erdbeergelee zu Panna cotta. Wasser für Eistee blubbert im Kessel. Emma lässt Pancetta in der Pfanne aus. Die Barilla Farfalle sind al dente. Sie nimmt den Topf vom Herd, will die Nudeln ins Sieb schütten, rutscht aus, reißt den Wasserkessel mit. Alles landet auf dem Fußboden.

Emma brüllt. Haut verbrannt, Ellbogen geprellt, Arm gebrochen.

Abendessen?

Den Notarzt gerufen, den Freundinnen abgesagt.

Wie viele Doppelbuchstaben haben sich im gesamten Text (mit Überschrift) versteckt?

(Lösung: 53)

Der kleine Drachen

Jörg-Reiner Mayer-Karstadt

Am Anfang war nur buntes Papier, einige Holzstäbe, eine lange Schnur auf einer Rolle und Klebstoff.

Als er gebastelt wurde, wusste er noch nicht, dass er ein kleiner Drachen werden würde. Erst als Hans ihn ziemlich fertiggestellt, Augen, Nase und Mund aufgeklebt hatte, war er ein kleiner Drachen geworden.

Und gleich stellte er sich vor, hoch hinaus mit dem Wind in den Himmel zu fliegen.

Es ging noch nicht ganz, weil der Schwanz fehlte, aber den hatte Hans noch nicht fertiggebastelt.

Jetzt stand der kleine Drachen am Fenster in Hansens Kinderzimmer, hatte inzwischen seinen Schwanz bekommen und schaute in den Herbst hinaus und dachte sich: „Wenn nur endlich ein guter Wind aufkäme. Hans würde mich bestimmt hinausbringen."

Und dann geschah es!

Nach einigen Tagen kam Hans ins Zimmer gestürmt, holte den kleinen Drachen mit der langen Schnur daran und zusammen mit seiner Schwester Adeliese lief er auf die Wiese hinter ihrem Elternhaus.

Ein herrlicher, kräftiger Wind blies dort!

Adeliese hielt den kleinen Drachen hoch gegen den Wind, Hans spannte die Schnur und ab ging es mit allen dreien im Sauseschritt über die Wiese.

Der Wind stemmte sich gegen den kleinen Drachen.

Adeliese ließ ihn los und – hui – ab ging es zu den Wolken. Steiler und immer steiler stieg er empor. Hans gab mächtig

Schnur nach und er sah den kleinen Drachen nur noch ganz winzig klein, hoch über sich unter den Wolken am Himmel.

Vor lauter Freude schlug der kleine Drachen gleich fünf Purzelbäume hintereinander am Himmel. Eins – zwei – drei – vier – fünf! Und dann stieg er noch höher in den Himmel, so weit, bis die Schnur, an welcher er von Hans geführt wurde, ganz abgerollt war.

Hans musste gut festhalten, damit der kleine Drachen ihm nicht die Schnur aus der Hand reißen würde.

Nun sah der kleine Drachen ganz weit, sah den Horizont und die bunten Herbstwälder. Er sah die Bauern bei der Ernte auf den Wiesen und Feldern, die Sonne und die schnell und dicht über ihm ziehenden Wolkenfetzen. Bäche, Teiche und Seen bekam er zu sehen. Sein Heimatdorf und andere Dörfer, sogar eine Stadt sah er und eine Windmühle an einem Bach.

Und tief unter sich auf der Wiese sah er die beiden glücklichen Kinder Hans und Adeliese.

Er freute sich mächtig und war stolz, ein kleiner Drachen zu sein.

Doch er hatte Mühe, sich mit seinem schönen Schwanz am Himmel zu halten. Dieser hätte nicht länger oder kürzer sein dürfen. Alle Drachen, auch die kleinen, halten damit ihr Gleichgewicht im Wind, sonst fallen sie vom Himmel.

Sein Schwanz mit den bunten Papierstreifen wedelte mächtig hin und her und ließ ihn in alle möglichen Richtungen gleiten.

Und er kitzelte ihn dort, wo er angebunden war.

Als der Abend kam, holte Hans den kleinen Drachen unter großer Kraftanstrengung vom Herbsthimmel zurück und sie gingen gemeinsam nach Hause.

So ging es viele Herbsttage lang.

Der kleine Drachen war zwar jedes Mal müde, aber er konnte trotzdem nicht genug davon bekommen. Es gab jeden Tag etwas Neues zu entdecken.
Dann kam der Winter. Jetzt lehnte der kleine Drachen wieder am Fenster im Zimmer von Hans.
Er träumte vom nächsten Herbst, dem Wind, von der schönen bunten Landschaft, den großen Weiten, von fleißigen Bauern und von Hans und Adeliese hinter dem Haus auf der Wiese.

Das Dorf

K(l)eine Rücksichten

Manfred Hahn

Gleichgültig, aus welcher Richtung jemand kommt, er sieht das Dorf immer erst im letzten Augenblick. Wie ein Raubtier duckt es sich in eine Senke.

Meistens schläft es und in der Erinnerung waren die Straßen und Gassen immer leer. Nur in den Ställen hörte man das Vieh, unruhig und klagend, als hätten die Besitzer es im Stich gelassen.

Auf dem langen Gefälle vom Nachbarort sausten die Traktoren im Leerlauf ins Tal. Unsere Haare und die Angst der Mutter wehten im Wind.

Fünfhundert Meter vor dem Dorf befand sich die Müllhalde. Wir saßen in einem verrosteten Goggomobil, gruben nach Büchern, Comics und sonstigen Schätzen. Besonders begehrt waren Briefumschläge und Postkarten wegen der Briefmarken. Und dann fand ich diesen Stapel Feldpostbriefe von dem, der nicht wiederkam.

Mit dem Mädchen aus der Nachbarschaft saß ich oft an der Bundesstraße und notierte fremde Autokennzeichen. Wir wollten heiraten und nach Hamburg, Essen oder Schwäbisch Hall. Dann bauten sie eine Umgehungsstraße und wir sahen nur noch die Autos vom Nachbarort, aber dort wollten wir nicht hin.

Jeden Samstag kam der Friseur ins Dorf. Er mietete sich einen Raum im Nebengebäude der Gastwirtschaft. Es gab nur zwei mögliche Haarschnitte – Normal oder Fassonschnitt. Fasson hat zwei Mark mehr gekostet. Das Ergebnis sah vollkommen identisch aus, aber alleine das Gefühl, einmal nicht normal zu sein, war den Mehraufwand wert.

Wer die Senke und das Dorf verlässt, verliert es schnell aus den Augen. Man leckt die Wunden, sortiert die Bilder und hofft, dass das Raubtier vergisst.

wie

EIERLIKÖR

und

ERNEUERTE
FREUNDSCHAFT

Das bisschen Eierlikör!

Henrike Straub

„Ich wollt ich wär' ein Huhn, ich hätt' nicht viel zu tun ..." Aufgekratzt krähten die Kinder mit Romina das Lied, denn es war Kindergeburtstag. Jasmin hatte die Freundinnen ihrer Tochter Lena und deren Mütter Sarah, Diane und Moni zu Lenas fünften Geburtstag eingeladen.

Fröhlich saß die Kinderschar im Wohnzimmer. Romina – sie war eine professionelle Erzählerin und Animateurin – zog alle Kleinen mit Liedern, Geschichten und Spielen in ihren Bann. Das war so geplant, die Erwachsenen wollten nämlich auch feiern. Ganz ohne eigenen Anlass – und möglichst ohne Kinderbetreuung.

Fröhlich saß also auch die Schar der Mütter in der Küche, schwatzte und scherzte bei Kaffee und Kuchen.

„... ich legte täglich nur ein Ei und sonntags auch mal zwei." Jasmin hatte den Liedtext gehört und lachte: „Das passt! Möchte jemand einen Eierlikör? Ich habe einen ganz besonderen vor kurzem geschenkt bekommen." Wie in der Schule fuhren alle Hände nach oben. „Wollt ihr ihn im Waffelbecher oder im Glas?" „Im Glas bitte, gegessen haben wir schon viel zu viel", meinte Moni mit einem Blick auf die leeren Tortenplatten. Also stellte Jasmin die Schachtel mit den Waffelbechern, die sie bereits aus dem Schrank genommen hatte, auf dem Tisch ab, holte geeignete Gläser und schenkte ein. Einmal – zweimal – dreimal. Der Inhalt der Flasche wurde schnell weniger und die Stimmung immer ausgelassener.

Schließlich wurde es Zeit, die Geburtstagsfeier zu beenden. Romina bekam ihre Gage und verabschiedete sich von den Kindern, die wie eine Traube an ihrem Rockzipfel hingen und sie nicht gehen lassen wollten. Doch ein Machtwort von Jasmin beendete die Szene und nach einigem Protest ließen die Kinder von Romina ab und trollten sich in die Küche.

Nachdem die Animateurin das Haus verlassen hatte, wollten auch die Mütter das Feld räumen. Aber wie es so ist unter Freundinnen – man kam im Flur wieder ins Schwatzen und erst nach geraumer Zeit fanden die Frauen den Weg nach draußen, nachdem sie ihre Kinder eingefangen hatten, die inzwischen aufgedreht durchs Haus tobten. Diane und Monika wohnten nicht allzu weit weg, sie konnten zu Fuß nach Hause gehen, nur Sarah musste das Auto nehmen.

„Pass auf, du bist nicht mehr ganz nüchtern!", ermahnte Jasmin ihre Freundin. „Nicht dass nach diesem schönen Nachmittag noch etwas passiert!" „Ja, ja, ist ja nicht so weit. Und das bisschen Eierlikör ... Ich ruf an, wenn ich zu Hause bin."

Kurz darauf bog Sarah in ihre Straße ein, als sie Blaulicht vor sich aufblitzen sah. Ein Polizeibeamter kam mit erhobener Kelle auf sie zu und bedeutete ihr anzuhalten.

„Verkehrskontrolle, bitte öffnen Sie das Fenster!", hörte Sarah den Polizisten durch das Glas sagen. Gehorsam drückte sie auf den Knopf und ließ die Scheibe herunter.

„Bitte Fahrzeugpapiere und Führerschein!" Ohne etwas zu sagen, kramte Sarah in ihrer Tasche und reichte dem Beamten die Papiere. Der gab sie gleich darauf wieder zurück mit der Bemerkung: „Haben Sie etwas getrunken?" „Nein, hab' ich nicht!" Sarah hätte lieber die Lippen geschlossen gehalten, war ihr doch sehr wohl bewusst, dass der Eierlikör seine Duftspur erkennen lassen würde.

Der Polizist betrachtete sie eindringlich – Verdammt, er hat etwas gemerkt! Prompt meinte der Beamte: „Na, das glaube ich nicht. Sie riechen nach Alkohol!" „Nein, ganz bestimmt nicht, ich habe nichts getrunken. Nur eine Schnapspraline, gerade eben." Sarah zeigte auf die Pralinenschachtel, die auf dem Beifahrersitz lag. Dass die seit Tagen da lag und schon lange leer war, musste der Polizist ja nicht wissen. „Ich habe nichts getrunken", versicherte sie noch einmal. „Außerdem hab ich doch mein Kind im Auto! So was würde ich nie tun!"

„Dann haben Sie sicher nichts dagegen, wenn wir einen Alkoholtest machen", erwiderte der Polizist und hielt ihr den Alkomaten entgegen. Mit gespielter Gelassenheit nahm sie das Gerät in die Hand, blies hinein und gab es mit dem unschuldigsten Augenaufschlag, den sie zustande brachte, wieder zurück.

„So so, nichts getrunken! Sie haben 0,6 Promille. Das wird doch wohl mehr als eine Praline gewesen sein, oder?", kommentierte der Polizist das Ergebnis des Tests.

„Das kann nicht sein! Ihr Gerät muss kaputt sein!", log Sarah empört und stritt sich mit dem Beamten noch ein paar Minuten, bis dem die Geduld ausging. „Ok, dann beweise ich Ihnen, dass das Gerät funktioniert. Wir lassen das Kind blasen."

Notgedrungen gehorchte Sarah, gab ihrer Tochter das Gerät und erklärte ihr, was sie tun sollte. Töchterchen Lena, das die ganze Zeit sehr ruhig in ihrem Kindersitz verharrt hatte, blies in das Röhrchen, ohne zu protestieren. Sarah wurde unruhig. Wenn jetzt das Ergebnis eindeutig „Null" anzeigte, hatte sie verloren.

„Das, das …!" Verdattert klopfte der Polizist an der Anzeige des Alkomaten herum. „Es sieht so aus, dass das Gerät tatsächlich nicht richtig funktioniert!" Entgeistert schaute er auf das Mädchen. „Ihre Tochter müsste ja total betrunken sein! Das Ergebnis zeigt noch erheblich mehr an als bei Ihnen!"
Erleichtert und gleichzeitig selbst erstaunt murmelte Sarah nur: „Ich hab 's ja gesagt, das Gerät ist kaputt. Kann ich jetzt fahren?"
Zu Hause angekommen legte Sarah ihre Tochter auf das Sofa. Das Kind schlief fest und hatte gar nicht gemerkt, dass die Mutter es ins Haus tragen musste. Dann griff sie zum Handy, um ihrer Freundin Jasmin das Erlebte zu erzählen.
„… und stell dir vor, bei Lena hat der Alkomat fast ein Promille angezeigt! Puh, hab' ich ein Glück gehabt!" „Und Lena? Wie geht es ihr? Meine Ines hat gekotzt wie ein Reiher", unterbrach Jasmin Sarahs Redefluss. Sarah stutzte einen Moment. „Bitte was? Warum soll es Lena schlecht gehen? Sie schläft, war ziemlich erschöpft von dem aufregenden Nachmittag. War irgendwas mit dem Essen? Wieso musste Ines speien?"
„Na, hör mal", erklärte Jasmin, „die sind nicht erschöpft, die sind besoffen! Als wir uns im Flur noch unterhalten haben, waren die beiden in der Küche und haben die Waffelbecher verputzt – mit dem Rest Eierlikör. Und der war nicht wenig, wie du weißt."

Erneuerte Freundschaft

Autorengemeinschaft

Ungeduldig trat Adrian von einem Fuß auf den anderen. Wo blieb das Taxi nur? Wenn es nicht in der nächsten Minute kam, würde er seinen Zug verpassen, würde zu spät zum Flughafen kommen und könnte womöglich sein Ziel nicht rechtzeitig erreichen. Da bog es mit quietschenden Reifen um die Ecke und stoppte abrupt direkt vor Adrian. Endlich! Schnell stieg er ein und tat eine versuchte Erklärung des Taxifahrers mit einer heftigen Handbewegung ab. „Zum Bahnhof, aber bitte schnell! Ich habe es wirklich eilig!", schnauzte er den Fahrer an, lehnte sich zurück und atmete tief durch.

Die Fahrt zum Bahnhof war lang genug, um die Gedanken schweifen zu lassen in eine Zeit, die noch gar nicht so lange zurücklag.

Sie waren eine eingeschworene Clique: Es selbst, Tobias, Max, Evelyn und Simone. Schon in der Schule hielten sie immer fest zusammen und waren auch für den einen oder anderen Streich bekannt, wenn nicht sogar gefürchtet – bei Mitschülern und Lehrkräften – auch wenn alles immer harmlos war und nie jemand ernsthaft gefährdet oder verletzt wurde. Der Spaß war einfach großgeschrieben.

Nach der Schulzeit hielten sie lange Kontakt, unternahmen vieles miteinander. Na ja, man probierte sich eben aus und musste sich die Hörner abstoßen. Als dann allerdings die Liebe mit ins Spiel kam, hörte der Spaß so langsam auf. Eifersucht ist kein gutes Band für Freundschaften. Die Gemeinschaft zerbrach und sie verloren sich alle aus den Augen.

Erst vor Kurzem, als Adrian in alten Fotos und Unterlagen stöberte – und vor allem nach einem ganz besonderen Traum – beschloss Adrian, sich auf die Suche nach den alten Freunden zu machen. Was war aus ihnen geworden? Wohin hatte sie der Strom des Lebens getrieben?
Nach einigen Wochen des Suchens hatte Adrian einen Teil der alten Truppe ausfindig gemacht. Tobias und Evelyn hatten geheiratet und lebten mit ihren Kindern immer noch in der Stadt, Simone hatte die Ausbildung wieder aufgenommen und studiert, war dann nach Hamburg gezogen und führte erfolgreich ein kleines Unternehmen. Nur Max, seinen damals engsten Freund, hatte Adrian nicht finden können.

Plötzlich wurde Adrian jäh aus seiner geistigen Vergangenheitsreise gerissen, weil der Fahrer durch ein riskantes Bremsmanöver den Wagen zum Stillstand brachte. Adrian traute seinen Augen nicht. Was er hier erblickte, ließ ihm beinahe das Blut in den Adern stocken. Genau hinter der soeben erreichten Kurve tat sich ein Chaos auf. Mehrere Autos standen kreuz und quer zur Fahrbahn, Menschen liefen schreiend herum …

Adrians Gedanken kreisten um den Zug, der wohl unweigerlich ohne ihn abfahren würde, und um den Freund, den er endlich zu finden hoffte, als wie aus weiter Ferne die Stimme des Taxifahrers an sein Ohr drang mit der Frage: „Guter Mann, bis wann müssen Sie denn am Bahnhof sein?" Adrian meinte, das sei jetzt wohl nicht mehr möglich in der Kürze der Zeit und beim Anblick dieser Situation vor ihnen. Der Fahrer blickte auf das Blechkistengewirr und meinte barsch, hier könnten sie sowieso nichts tun, aber es sei möglich, mit etwas Geschick diese Straße zu verlassen und über ein paar Schleichwege vielleicht das Ziel doch noch rechtzeitig zu erreichen. Adrian war beinahe am Verzweifeln: „Sie können es ja versuchen! Wenn wir hier stehen bleiben, kann ich mein Vorhaben sowieso vergessen." Als der Taxifahrer ihn durch die engen Gassen kutschierte, fragte er doch etwas neugierig, was Adrian denn so Besonderes vorhatte. Vor lauter Aufregung und weil dieser Mann es offensichtlich gut mit ihm meinte, erzählte Adrian seine Geschichte vom verlorenen Freund Max und dass er nun auf der Suche sei, denn es hätte sich eine Spur aufgetan, die er verfolgen wolle, um endlich die alte Freundschaft aufleben zu lassen.

Am Bahnhof angekommen, bezahlte er in Windeseile seinen Fahrpreis und eilte zum Bahnsteig. Obwohl die Uhr zugunsten Adrians tickte und er gerade noch rechtzeitig sein erstes Ziel erreicht hatte, hörte er aus dem Lautsprecher eine Durchsage, die ihn kurz daran zweifeln ließ, ob die Suche nach Max unter einem guten Stern stehen würde. Endlich im Zugabteil lehnte er sich mit einem tiefen Seufzer im Sitz zurück und schloss die Augen.

Nachdem er Tobias, Evelyn und Simone ausfindig gemacht hatte, trafen sich die vier in ihrer ehemaligen Stammkneipe – Simone war extra dafür aus Hamburg angereist. Alle waren irgendwie erleichtert, dass sie sich aussprechen und die alten Bande wieder knüpfen konnten. Auch wenn jedem von ihnen bewusst war, dass es wohl künftig eher eine lose Freundschaft werden würde. Von Max wusste allerdings niemand etwas. Er war nach dem Krach damals spurlos verschwunden.

In den folgenden Wochen nutzte Adrian seine freien Tage, um weiter zu recherchieren. Er fuhr noch einmal zur damaligen Adresse von Max und seiner Familie. Dort wohnten längst andere Leute. Keiner hatte eine Ahnung, wohin die Familie gezogen sein könnte. Die Nachbarn erinnerten sich zwar, dass Max geheiratet hatte und aus dem Elternhaus ausgezogen war, wussten aber ansonsten auch nichts Genaues. Ein paar Vermutungen gab es, aber eben nur Vermutungen! Das Einwohnermeldeamt konnte auch nicht weiterhelfen. Die Familie hatte sich abgemeldet und eine Neumeldung in einem anderen Ort lag nicht vor. Waren sie alle ins Ausland gezogen? War irgendetwas Schlimmes passiert? Wo sollte und vor allem, wo konnte Adrian Informationen bekommen?

Ohne besonderen Anlass – oder war es einfach ein Bauchgefühl? – meldete er sich bei der örtlichen Tageszeitung und bat um die Möglichkeit, sich im Archiv umzusehen. Vielleicht fand er ja einen Artikel oder irgendeinen anderen Hinweis, der in den Zeitraum der damaligen Ereignisse passte.

Vergeblich! Er fand nichts, das ihn weiterbrachte.

Auf dem Flur und schon im Gehen begriffen, wurde er von einem Mitarbeiter der Zeitung angesprochen: „Darf ich fragen, wer Sie sind und was Sie hier wollen?" Kurz erzählte Adrian von seiner Suche und nannte den Namen: Max Bergmeister.

„Bergmeister …, Bergmeister … Irgendwie läutet da bei mir was. Warten Sie bitte einen Augenblick, ich muss schnell etwas nachsehen!", erwiderte der Mitarbeiter und verschwand in einem Büro.

Nach etwas mehr als der Hälfte der Strecke riss ihn eine Stimme aus dem Lautsprecher aus seinen Gedanken mit der Aufforderung: „Alles aussteigen bitte, die Fahrt endet hier! Die Anschlussbusse werden mit etwas Verspätung ankommen, bitte gedulden Sie sich, danke." Damit wurde er siedend heiß an die Durchsage am Bahnhof erinnert, dass die

Fahrt hier endete, weil auf dem weiteren Weg ein größerer Polizeieinsatz das Weiterfahren verhinderte. Er schimpfte sich selbst einen Tagträumer, der in seinem Eifer auf der Suche nach dem verschwundenen Freund immer die neuesten Informationen über dessen Verbleib in seinem Kopf kreisen ließ.

Als er nun notgedrungen aus dem Bahnhofsgebäude trat, entdeckte er auf der anderen Straßenseite ein Café. „Na, ein Anschlussbus hilft mir nicht wirklich, jetzt ist es auch schon egal", murmelte er vor sich hin und setzte sich an einen Tisch. „Eine Tasse frisch gebrühter Kaffee ist genau das, was ich jetzt brauche", dachte er. „Bei dieser Gelegenheit kann ich gleich versuchen, meinen Flug umzubuchen. Der Flieger aus meinem Reiseplan ist sowieso längst in der Luft, bis ich zum Flughafen komme, sofern das heute überhaupt noch möglich ist. Verdammt, warum habe ich nicht darauf geachtet? – Aber was hätte das geändert?"

Er hatte kaum sein Handy wieder eingesteckt, da beobachtete er einen Trupp Polizisten, die zum Bahnhof rannten. Ach ja, der Polizeieinsatz!

Blitzartig zog die Situation auf dem Flur des Zeitungsverlages vor seinem inneren Auge vorbei, auch wenn das hier mit dem damals sicher nichts zu tun hatte.

Der Mann kam wieder mit einer Kiste, darin etliche Zeitungsartikel. „Ich wusste doch, dass ich den Namen kenne!"

Es war vor einigen Jahren, da verschwand die junge Ehefrau dieses Max Bergmeister. Gleichzeitig wurde das Haus ausgeraubt. Nach und nach fiel der Verdacht immer mehr auf Max Bergmeister selbst, doch schließlich konnte man ihm nichts nachweisen. Er wurde freigelassen und seitdem hat man nichts mehr von ihm gehört.

„... soll umgezogen sein", führte der Redakteur seine Erklärung fort. „Sein Haus hier in der Stadt steht noch immer leer. Der Nachbar pflegt es – angeblich wird er bezahlt. Sie haben im Archiv im Moment nichts über diesen Fall finden können, da ich sämtliche Artikel herausgezogen habe, um neu zu recherchieren. Die Polizei will aufgrund neuer Beweise und Spuren den Fall wieder aufrollen in der Hoffnung, ihn endgültig abschließen zu können", klärte der Redakteur Adrian auf. „Ich persönlich bin von der Chefetage darauf angesetzt, alles über die neuesten Ermittlungsfortschritte zu erfahren und weiterzuverfolgen. Wird sicher 'ne interessante Story!"

Kaum waren ihm diese Worte über die Lippen gekommen, wurde er ganz blass vor Schreck und bat Adrian im gleichen Atemzug eindringlich, diese Hinweise unbedingt für sich zu behalten, sie seien eigentlich eine Insiderinformation, die er in seinem journalistischen Eifer versehentlich ausgeplappert habe. „Sollte das bekannt werden, bin ich meinen Job los!" Sichtlich verlegen und gleichzeitig beschwörend sah er Adrian in die Augen.

Adrian versprach ihm, Stillschweigen darüber zu bewahren, und übergab diesem freundlichen Herrn, dem er so viele Neuigkeiten hatte entlocken können, seine Handynummer mit der Bitte um Informationen, falls ihm etwas Neues bekannt würde. Der Redakteur sagte ihm zu, nahm die Nummer an sich, steckte sie ganz ehrfürchtig in seine Brusttasche und die beiden verabschiedeten sich.

„Ach", rief der Redakteur Adrian nach, „hier die Adresse des Tatorts! Ist kein Geheimnis", fügte er sicherheitshalber noch an, „stand ja in der Zeitung!" Er holte Adrian ein und drückte ihm einen schnell beschriebenen Zettel in die Hand.

Wenigstens ein kleiner Ansatzpunkt, seinen Freund zu finden, auch wenn Adrian nicht sehr zuversichtlich war. Er beschloss, das Haus aufzusuchen und die dortigen Nachbarn zu fragen, vielleicht wusste ja doch irgendwer, wo Max war.

Auf der Fahrt zu der angegebenen Adresse fragte sich Adrian, warum er von den damaligen Ereignissen so gar nichts mitbekommen hatte. Es war die Zeit seiner Ausbildung und er hatte alle Energie in seine Karriere gesteckt, kaum Zeitungen gelesen und sich oft im Ausland aufgehalten. Hätte er damals von der Sache erfahren – was wäre wohl geschehen? Hätte er seinem Freund beigestanden? Oder hätte er an ihm gezweifelt?

Am Haus des Freundes angekommen fand er alles ordentlich, aber verlassen vor. Der Nachbar war nicht da. Adrian ging um das Haus herum und versuchte durch die Fenster irgendetwas zu erkennen.

Plötzlich wurde er von einem Regenguss überrascht und flüchtete zu einem Schuppen. Die Tür war nicht verschlossen und der Wind hatte sie aufgedrückt. Auch hier: alles ordentlich und sauber. Auf einer Kiste lag ein Foto, wie zufällig dort vergessen.

Das Foto! Jetzt wusste Adrian, wo sein Freund stecken könnte! Es war das Strandhaus in Portugal. Es gehörte Max' Großvater und die Clique hatte dort eine wilde Woche mit Whisky, Sonnenuntergang und Blick über den großen Teich verbracht und dabei ihre Träume und Verschwörungstheorien gepflegt. Sicher war Max dort und Adrian beschloss, so bald wie möglich einen Flug zu buchen.

„Was machen Sie hier?! Verschwinden Sie sofort – oder ich rufe die Polizei!" Max schrak aus seiner kauernden Stellung hoch und drehte sich mit einer beschwichtigenden

Geste um. Vor ihm stand mit drohend erhobener Hand, aus der ein Spaten ragte, ein kräftiger Mann in Arbeitskleidung. Es war der Nachbar, der das Haus betreute.

Nach einer kurzen Erklärung Adrians änderte sich der drohende Ausdruck im Gesicht des Nachbarn und er erzählte Adrian alles, was er wissen wollte.

Max hatte sich, nachdem er nicht mehr unter Verdacht gestanden hatte, einfach davongemacht, um das alles – den Tod seiner Frau, den Raub und die zermürbenden Wochen in Untersuchungshaft – hinter sich zu lassen. Deshalb war er in Portugal. Von dort aus hielt er den Kontakt zum Nachbarn und sorgte für die regelmäßige Bezahlung von dessen Arbeit. „Erst neulich hat er mich angerufen und gesagt, er komme erst wieder zurück, wenn der oder die Täter gefasst und verurteilt seien, und dann wolle er noch weiter weg oder zu seinen Eltern, die damals aus Scham weggezogen waren. „Nein", ergänzte er auf einen fragenden Blick Adrians, „keine Ahnung, wo die sind!"

Eine Woche später bekam Adrian eine Nachricht des Redakteurs: Der Täter ist gefasst und geständig, der Prozess wird noch in diesem Jahr stattfinden.

Schon am nächsten Tag waren die Zeitungen voll von Berichten über den endlich gelösten „Cold Case".

Der Kaffee war inzwischen kalt, als Adrian wieder aus seinen Erinnerungen auftauchte. Seinen Gedanken nachhängend ahnte er nicht, wie nah er dem Freund bereits war.

Schnell war ein Zimmer gefunden und am nächsten Tag konnte er seine Zugfahrt zum Flughafen problemlos fortsetzen.

Er stand am Check-in-Automaten, als er so nebenbei auf die Anzeige der ankommenden Flüge blickte. Ein Flieger aus Lissabon war eben gelandet und die ersten Fluggäste kamen vom Check-out in die Halle.

Da fiel sein Blick auf einen Mann, der ihm ebenso instinktiv in die Augen blickte und nach kurzem Zögern wurde beiden bewusst, dass sie sich kannten.

Es war Max! Sein Freund Max! Kaum wiederzuerkennen, braungebrannt, mit Bart und ergrauten Haaren, die doch einstmals pechschwarz waren, und doch eindeutig Max!

Auch Max hatte Adrian sofort wiedererkannt und stürmte auf ihn zu, und als ob es nie etwas Trennendes zwischen ihnen gegeben hätte, umarmten sich die beiden erleichtert.

„… wollen Sie noch etwas sagen? Sie haben das letzte Wort!" Doch der Angeklagte schüttelte nur den Kopf. „Damit ist die Verhandlung geschlossen", beendete der Richter den Prozess. Adrian sah seinen Freund an, der die ganze Zeit starr und angespannt neben ihm gesessen hatte, und bemerkte, wie sich dessen Züge langsam entspannten. Max nickte nur kurz und presste ein „Okay, das war's dann" zwischen den Lippen hervor. Er konnte endlich einen Schlussstrich ziehen.

Am darauffolgenden Wochenende trafen sich alle aus der Clique noch einmal in der alten Stammkneipe.

Alle?

Nein, Max war nicht da – und er kam auch nicht mehr.

Adrian war nicht enttäuscht, denn er wusste: Die Freundschaft bestand weiterhin, und wenn Max in seinem neuen Leben Fuß gefasst hatte, würde er sich melden und wissen lassen, wo Adrian ihn finden konnte.

wie

FLUCHT

und

FLEISS

Alfreds Flucht

Gertrud Hörr

Alfred war in jungen Jahren manchmal ziemlich flott unterwegs. So auch freitags an einem schönen Sommerabend. Er war zu dieser Zeit bereits Mitglied beim Kanuclub Donauwörth. An manchen Wochenenden trafen sich einige der Mitglieder zum Kartenspiel. Weil Kartenspielen durstig machte, löschten sie dieses Gefühl mit dem einen oder anderen Bier. Bei diesem Spaß vergaßen sie des Öfteren die Zeit. So auch an jenem Abend beziehungsweise Morgen. Der neue Tag war also schon ein paar Stunden alt, als Alfred den Heimweg antrat. Auf dem Weg durch Donauwörth gaben ihm mehrere entgegenkommende Autos Lichtzeichen. Leider wusste er dies nicht zu deuten, denn er war sich sicher, noch fahrtauglich zu sein. Als er gerade die Donaubrücke überqueren wollte, kam ihm die Polizei entgegen. Der Beifahrer zeigte auf sein Auto, was Alfred bemerkte, und zugleich war ihm klar, dass er den Beamten bei einer Kontrolle seinen Alkoholgenuss nicht verleugnen könnte.

Gleichzeitig stellte er stadtauswärts fest, dass er ohne Licht unterwegs war. Eilig schaltete er dieses ein und gab Gas, denn es blieb ihm nicht verborgen, dass das Polizeiauto wendete. Er brauste mit hoher Geschwindigkeit auch durch Auchsesheim und in Richtung Heißesheim. Auf diesem letzten Stück schaltete er vorsichtshalber das Licht aus, dass auch aus der Ferne keine Rücklichter mehr zu erkennen waren. Die Polizisten hatten nicht wirklich eine Chance, ihm zu folgen, hatte er damals doch einen sportlichen Toyota, während die Staatsdiener noch mit VW-Käfer unterwegs waren. Also zuhause schnellstens in die Garage und von innen das Tor zugezogen. Am Ton erkannte er bald, dass die Verfolger am Hof vorbeifuhren. Eiligst rannte er ins Haus und ohne Licht nach oben in sein Zimmer. Dieser Weg war ihm schließlich bekannt. Oben angekommen öffnete er das Fenster und beobachtete, wie die Beamten ganz langsam zurückkamen und jede Hofeinfahrt in Augenschein nahmen. Leider ohne Erfolg. Sein Glück. Sie suchten zwar erneut die Gegend ab, aber der Geflüchtete war für sie wie vom Erdboden verschluckt. Alfred war der Meinung, selbst wenn sie sein Kennzeichen hatten, könnten sie ihm am nächsten Tag wenigstens keinen Alkoholgenuss nachweisen.

Also schloss er das Fenster und schlief die restlichen Nachtstunden nach diesem Abenteuer erst einmal mehr oder weniger ruhig dem neuen Tag entgegen.

Am frühen Vormittag wurde er vom Ton der Hausglocke aus dem Schlaf gerissen und erschrak doch ein wenig. Tatsächlich hörte er, dass sich im Erdgeschoss Polizisten bei der Mutter nach ihm erkundigten. Als sie zu ihm nach oben rief, stellte er sich unwissend und bekundete, er komme gerade erst aus der Nachtschicht heim und sei rechtschaffen müde. Er hörte am Knarren der alten Holztreppe, dass einer der Beamten nach oben kam. Durch die geschlossene Tür unterhielt er sich kurz mit ihm. Dabei handelte es sich nicht um die vergangene Nacht, sondern er sollte als Zeuge vernommen werden wegen eines Unfalls, in den die Familie einige Wochen zuvor verwickelt war, als sie zusammen aus der Schweiz zurückfuhren. Er versprach, aufs Revier zu kommen und seine Aussage zu machen, sobald er ausgeschlafen hätte. Das tat er dann auch am frühen Nachmittag.

Der diensthabende Beamte war ein alter Bekannter von Alfred. Als der seine Aussage beendet hatte, meinte er noch, weil der Beamte ein guter Freund sei, würde er ihm noch etwas anvertrauen, aber nur unter dem Siegel der Verschwiegenheit. Sein Gegenüber versprach Stillschweigen. Kaum jedoch hatte Alfred angefangen zu erzählen, lachte der andere und erkannte sofort, dass *er* es wohl war, von dem die Kollegen erzählten, es sei ihnen in der Nacht einer entwischt. Er ließ sich die Geschichte kurz aus Alfreds Sicht erzählen und meinte, das würden die betreffenden Kollegen bei gegebenem Anlass irgendwann erfahren, dass dieser Flüchtige ein Freund von ihm gewesen sei, aber er hätte es auch erst im Nachhinein erfahren.

Da hat es sich wieder einmal erwiesen, dass Alfred in seinem Leben das Glück so manches Mal auf seiner Seite hatte.

Fleißarbeit

Alfred Bäurle

Leicht hatte er es nicht, der kleine Mendl. Natürlich war das nicht sein richtiger Vorname, denn er wurde auf den Namen Herrmann getauft. Auch sein Vater hieß Herrmann, sein Großvater ebenso und es wurde erzählt, dass auch sein Urgroßvater Herrmann geheißen hatte, aber alle wurden „Mendl" gerufen.

Auf einem Bauernhof, der weitab vom Dorf lag, wuchs er mit seinen Geschwistern auf.

Ein neues Zeitalter brach für ihn an, als er eingeschult wurde. Nun sollte er Rechnen, Lesen, Schreiben und noch viele andere Dinge erlernen, von denen er nicht wusste, ob er sie jemals einmal würde gebrauchen können.

Aber die neuen Kameraden, die Schulstunden, das Sprechen in ganzen Sätzen waren doch eine große Herausforderung für ihn.

Freilich, es ärgerte ihn maßlos, wenn ihn seine Mitschüler verspotteten, weil er eben manchmal recht derb daherredete.

Der Lehrer suchte sogar einmal seine Eltern auf und machte darauf aufmerksam, dass Herrmann geradezu ordinär spräche. Als der Lehrer seinen Vater fragte, woher der Knabe denn solche Worte lerne, meinte dieser nur achselzuckend: „Des woiß i o net, aber des kommt bei dem raus, wiea bei am Goißbock d' Bolla".

Daraus machte sich der Pädagoge seinen eigenen Reim und fragte nicht weiter nach.

Schon waren drei Schuljahre vergangen. Ab der vierten Klasse wurde Mendl von einem neuen Lehrer unterrichtet.

Mendl sprach grundsätzlich alle Personen, gleichgültig ob sie nun Pfarrer, Lehrer, Bürgermeister oder sonstige höher gestellte Leute waren, mit „Du" an.

Sein neuer Lehrer musste ihn immer wieder ermahnen, dass er ihn nicht duzen dürfe, sondern gefälligst mit „Sie" anzusprechen habe.

Auf dem Bauernhof von Mendls Eltern gab es solche Unterschiede nicht. So verwendete er auch weiterhin das vertraute „Du". Er war es eben von Kleinkindesbeinen an nicht anders gewohnt.

Immer wieder machte ihn der Lehrer darauf aufmerksam und verlangte, wie von allen anderen Schülern auch, dass er mit „Sie" angesprochen werden müsse.

Aber in das Gedächtnis von Mendl war das „Du" so sehr eingeprägt, dass er sich an die geforderte Anrede nicht gewöhnen konnte.

Nach einigen Wochen wurde es dem Lehrer zu dumm und er drohte mit einer empfindlichen Strafe.

Aber Mendl blieb bei seinem vertrauten „Du".

Nun riss dem Pädagogen der Geduldsfaden und er forderte von Mendl, dass er über das Wochenende zur Strafe hundertmal schreiben müsse: „Ich darf meinen Lehrer nicht duzen."

Die Schulkameraden grinsten schadenfroh und Mendl blickte zerknirscht auf den Holzboden.

Am Montagmorgen, gleich während der ersten Schulstunde, fordert der Lehrer Mendl auf, seine Strafarbeit abzugeben.

Mendl zog einige Bogen Papier aus seinem Schulranzen und übergab sie an seinen Lehrer.

Dieser setzte sich hinter das Pult auf einen großen stabilen Stuhl. Rasch zählte er nach, ob Mendl seine Strafarbeit vollständig verrichtet hatte.

Er schüttelte erstaunt seinen Kopf und sagte zu Mendl: „Herrmann, warum hast du denn zweihundertmal geschrieben: Ich darf meinen Lehrer nicht duzen?"

Unter dem schallenden Gelächter der ganzen Klasse gab Mendl zur Antwort: „Ich dachte, meine Fleißarbeit macht dir Freude und habe es zweihundertmal geschrieben. Weil DU es bist!"

wie

GRAUHAARIG

GEBURTSTAGSWUNSCH

GLATTEIS

und

GEWICHTIGES

Graues Haar

Gertrud Hörr

Ich stelle fest, ich bin ganz grau.
Da meint mein Bruder, grau macht schlau,
also nehm ich das so hin,
hab Spaß, auch wenn ich grau jetzt bin.

Sind Haare grau und Falten im Gesicht,
dafür schäme ich mich nicht,
es sind Spuren aus dem Leben
von guten und schweren Zeiten eben.

Sind die Jungendjahre längst vorbei,
so ist es heut mir einerlei –
zum Haare färben oder zur Schönheitschirurgie
geh ich trotzdem sicher nie.

Lieber bleib ich, wie ich bin,
auch wenn die Jugend ist dahin,
mache stets das Beste draus,
verstecke mich nicht nur im Haus.

Denn unser Herr der fragt mal nicht:
„Hattest du Falten im Gesicht
oder waren deine Haare grau?"
Bin so gesehen wirklich schlau.

Meinem Sohn

Gerhard Sagasser

Der Frau, die keine Blume pflückt,
die sich nach keinem Grashalm bückt,
die nicht mit dir durch Wälder streift,
und nicht nach wilden Früchten greift,
die keine Träne weint dem Vogel,
der hilflos hängt im Maschenzaun,
der solltest du, mein lieber Sohn,
dein junges Herz nicht anvertrau'n.

Streusalz

Henrike Straub

„Müssen wir da wirklich hin?"

Thomas hatte so gar keine Lust, heute aus dem Haus zu gehen. Gemütlich räkelte er sich in seinem Lieblingssessel vor dem Fernseher, während er mit einer Hand auf der Fernbedienung herumdrückte und mit der anderen Hand der Katze den Bauch kraulte.

Johanna tat so, als hätte sie nichts gehört. Sie stand am Herd und gab dem Glühwein den letzten Pfiff. Die neuen Nachbarn aus dem Neubau gegenüber hatten zum Einstand und gleichzeitig zum Ersten Advent eingeladen und Johanna hatte versprochen, als Gastgeschenk „ihren" Glühwein mitzubringen – eine Köstlichkeit nach einem alten Rezept ihrer Mutter.

„Müssen wir da wirklich hin?", tönte es lauter aus dem Wohnzimmer, während Johanna den Deckel auf den großen Kochtopf setzte und zum Warmhalten ein paar Lagen Bläschenfolie herumwickelte.

Thomas stand am Fenster und schaute auf die windgeschüttelten Äste in ihrem Garten. Feiner Nieselregen ließ die Fenster beschlagen und man konnte die Kälte beinahe durch die Scheiben spüren.

Johanna war bereits hinter ihm. Sie wusste schon, was jetzt noch kommen würde: Bei so einem Sauwetter solle man nicht aus dem Haus gehen, man würde schließlich nicht einmal die Katze rausjagen, den Besuch könne man auch verschieben …

Sanft berührte sie Thomas' Schulter, gab ihm einen Kuss auf die Wange und schob ihn zielstrebig zur Haustür. „Ja, wir müssen da hin. Das gehört sich so und außerdem können wir den Glühwein nicht alleine austrinken! Hier, nimm du das Brot und das Salz – du weißt schon, Freude und Glück im neuen Haus! Den Glühweintopf trage ich, nicht dass du schon vorher …"

Thomas hatte eben die Haustür geöffnet. Ein eisiger Windstoß nahm ihnen beinahe den Atem und die Straße glitzerte trügerisch im Lampenschein.

„Da geh ich nicht raus! Ich breche mir noch den Hals!"

„Stell dich nicht so an, die paar Meter über die Straße schaffen wir schon", drängte Johanna und ging los. Es war wirklich höllisch glatt und vorsichtig setzte sie einen Fuß vor den anderen, immer darauf bedacht, nicht auszurutschen.

Hinter ihr war es verdächtig ruhig. Hatte sich Thomas doch noch gedrückt?

Nein! Plötzlich schien seine schlechte Laune verschwunden zu sein. Als Johanna sich umdrehte, sah sie ihren Kindskopf wie einen Schulbub auf der Straße schlittern – nach rechts, nach links, immer mit einem kleinen Anlauf. Johanna hatte beinahe die Haustüre der Nachbarn erreicht und Thomas noch einmal so richtig Anlauf genommen und mit einem fröhlichen „Jahhhhh" die Fahrt in Richtung Nachbarhaus aufgenommen.

In diesem Moment öffnete sich die Tür der Nachbarn, Thomas schlitterte auf Johanna zu, verlor die Kontrolle, begann wild mit den Armen zu rudern und versuchte sich an Johanna zu klammern, um nicht doch noch auf dem Hosenboden zu landen, wobei ihm das Brot aus den Händen fiel und die Salztüte mit einem Knall auf dem Gartenweg zerplatzte. Johanna versuchte den Glühweintopf festzuhalten und gleichzeitig das Geländer zu packen, was jedoch der Sicherheit des Topfes abträglich war. Die Nachbarin war aus der Tür gestürzt um Johanna – oder den Glühweintopf zu retten (wer von beiden wirklich ihr Ziel war, war nicht ganz klar) und hinter ihr war der Nachbar mit einem Beutel Streusalz in den Händen herausgeeilt, warf jedoch den Beutel zur Seite um Thomas oder Johanna oder den Topf oder seine Frau aufzufangen.

In einer ungewollten Generalumarmung kamen alle vier zum Stehen – nur der Topf mit dem heißen Glühwein konnte den plötzlichen Stopp nicht mitmachen. In hohem Bogen flog der Deckel in die Büsche, der Topf landete scheppernd auf dem Gehweg und das köstliche Nass ergoss sich auf die Stufen vor der Haustüre.

„Na, jetzt brauche ich wohl kein Streusalz mehr! Kommen Sie erst mal herein, um die ‚Bescherung' hier kümmern wir uns später!"

Small Talk

Henrike Straub

Heute bei der großen Feier
des Geburtstags von Franz Meier
sind die Tische hübsch gedeckt,
das Buffet den meisten schmeckt.
Laut und eifrig wird geredet,
jedes Thema durchgeknetet
über alles, was man kennt,
was man dann wohl „Small Talk" nennt.

Auch dort drüben an dem runden
Tisch hat man sich eingefunden.
Wohl genährt und gut beleibt,
dass kaum Platz für andre bleibt.
Und schon das Gespräch sich dreht
um Figur und um Diät,
um Genießen, Trinken, Schlemmen.
Kann man das auch „Small Talk" nennen?

wie

HAUS

und

HOFFNUNG

Das alte Haus

Gabriele Walter

Traurig stand das im Laufe der Jahreszeiten ziemlich heruntergekommene Haus inmitten hochschießender Unkräuter, Gräser und wild durcheinander gewachsener Sträucher.

Wie oft dachte ich später darüber nach, was mich veranlasst hatte, von dem bequemen Wanderpfad durch unwegsames Dickicht zu kriechen, um dann vor diesem alten Haus zu stehen.
Der Putz bröckelte teilweise von den Wänden, an einem Fenster hing eine zerschlissene Gardine. Das Geländer vor den sechs Säulen, die das Vordach stützten, war zerbrochen. Doch so verwahrlost das Haus anzusehen war, so sehr zog es mich vom ersten Augenblick an in seinen Bann. Besonders der runde Turm mit den vielen Fenstern gefiel mir und auch das wie hineingestellt wirkende Häuschen zwischen der runden Kuppel und dem Satteldach. Ich stellte mir vor, wie es wohl wäre, mich auf der davor befindlichen kleinen Terrasse zu sonnen oder einfach nur den Ausblick auf den wunderschönen Garten zu genießen.
Die Neugier packte mich und ich beschloss, mich im Inneren des Hauses umzusehen – sofern dies möglich war. Also kämpfte ich mich durchs Gestrüpp und ging mit einem etwas mulmigen Gefühl auf das Haus zu. Die Stufen knarrten unter meinen Füßen, als ich sie betrat. Leider ließ sich die Tür durch Drehen des antiken Messingtürknaufs nicht öffnen. Mit Bedauern wandte ich mich zum Gehen. Als ich hinter meinem Rücken ein knarrendes Geräusch vernahm,

sah ich – mich verwundert umschauend – wie sich die Tür langsam öffnete. Das Schloss hatte wohl geklemmt.

Der Einladung des Hauses folgend, machte ich erneut einen Schritt auf die Tür zu. Im selben Moment vernahm ich ein Wispern, als flüsterten die Gräser, dann erhob sich ein Rauschen und eine heftige Bö jagte durch die alten Äste, die sich ächzend bogen unter dem Gewicht der raschelnden Blätter. Bereits aus den Augenwinkeln erfasste ich den veränderten Garten, der sich plötzlich mit entzückend angelegten Blumenbeeten und betörend duftenden Rosenstämmchen zeigte. Zudem bemerkte ich etwas verwirrt das völlig intakte Geländer, das sogar frisch gestrichen schien. Ich schloss eine Sekunde die Augen und schüttelte verneinend den Kopf. Jetzt geht meine Fantasie mit mir durch, dachte ich noch, bevor ich mit zischend säuselndem Flüstern und kraftvollem Sog, wie von einem unsichtbaren Wesen, regelrecht ins Haus gezogen wurde. So stand ich einen Augenblick später, immer noch verwirrt infolge des bizarren Ereignisses, in der großzügig angelegten Diele.

Seltsamerweise wurde meine Nase gleich darauf von einem appetitanregenden Duft umschmeichelt, dem ich neugierig folgte und so in die Küche des Hauses gelangte. Entgegen dem Äußeren des Hauses machte die Küche einen gepflegten Eindruck und auf dem Holzherd, der eine angenehme Wärme abgab, stand wahrhaftig ein Topf, in dem es leise köchelte.

Ich wollte es kaum glauben, aber anscheinend wohnte doch noch jemand in diesem Haus. Ich rief ein „Hallo, ist hier jemand?" und entschuldigte mich für die Störung. Da ich keine Antwort erhielt, drehte ich mich um und ging in Richtung Diele, um das Haus auf dem schnellsten Weg wieder zu verlassen. Als ich dann aber ein klirrendes Geräusch aus dem Nebenraum vernahm, entschied ich mich dagegen und betrat nach kurzem Anklopfen das angrenzende Speisezimmer.

Der Tisch war bereits für zwei Personen gedeckt, aber auch hier vermisste ich die Anwesenheit des Bewohners. Noch einmal rief ich ein „Hallo!". Tatsächlich öffnete sich eine Tür und eine sehr elegant, aber nicht gerade zeitgemäß gekleidete alte Dame betrat den Raum.

Sie begrüßte mich freundlich und bat mich Platz zu nehmen. Irgendwie konnte ich mich des Gefühls nicht erwehren, dass sie mich erwartet hatte. Freundlich bot sie mir ein Glas Wasser an und lud mich zum Essen ein. Immer noch verwundert über ihr Erscheinen und das nun doch bewohnte Haus, nahm ich die Einladung erfreut und dankend an.

Die alte Dame ließ es sich nicht nehmen, mir ein köstliches Champignoncremesüppchen zu kredenzen.

Während des Essens erfuhr ich, dass sie fast fünfzig Jahre sehr glücklich mit ihrem Ehemann in diesem Haus gelebt hatte. Nach dem Essen erhob sie sich und sagte freundlich lächelnd: „So, mein Kind, du möchtest doch sicher das Haus besichtigen."

„Oh ja! Sehr gerne", antwortete ich begeistert.

„Dann solltest du das tun. Folge mir."

Bevor wir auf der alten Treppe ins obere Stockwerk stiegen, legte ich meine Hand auf das dunkel eingelassene Eichengeländer, was im selben Augenblick ein unerklärlich starkes Gefühl der Verbundenheit mit dem Haus in mir auslöste.

Vor einer der Türen blieb meine Gastgeberin stehen und schaute mich eine Weile seltsam entrückt an, bevor sie sagte: „Ich bin jetzt müde. Schau dich in Ruhe um und wenn du gehst, zieh einfach die Tür hinter dir zu. Auf Wiedersehen, mein Kind."

Etwas verblüfft verabschiedete ich mich von ihr. Doch angesichts der unerwarteten Möglichkeit, das Haus dennoch besichtigen zu können, warf ich nach und nach jeweils einen kurzen Blick in die wunderschön und gemütlich eingerichteten Zimmer. Als ich die letzte Tür öffnete, betrat ich ein Kinderzimmer. Da stand und lag Spielzeug aller Art. Das Kind, das in diesem Zimmer gelebt und gespielt hatte, musste sehr glücklich gewesen sein. Einer plötzlichen Erinnerung folgend trat ich näher an das Schaukelpferd heran, da ich als Kind dasselbe hatte. „Oh!" Sogar die Mähne des Tieres war so dünn wie bei meinem. Ich hatte sie damals zu oft gebürstet. „Oh!", hauchte ich erneut, als ich bemerkte, dass der Steigriemen ebenfalls gerissen war – wie bei meinem. Zärtlich streichelte ich den Hals des Tieres und lächelte. Wie sehr hatte ich mein Pferdchen geliebt. Irgendwann war es allerdings verschwunden. Ich hatte nie erfahren, wo es abgeblieben war.

Ein seltsam zischender Laut, als atme jemand erleichtert aus, veranlasste mich meine Hand zurückzuziehen. Das Flüstern, das ich gleich darauf vernahm, erschreckte mich eine Sekunde, doch dann schüttelte ich abwehrend den Kopf. Das konnte ich mir doch wohl nur eingebildet haben und wenn nicht ..., in alten Häusern gab es nun einmal seltsame Geräusche. Vielleicht eine Bö, die durch Schlitze verwitterter Dachplatten gefahren war.

Ich verließ das Kinderzimmer, stieg die Stufen hinunter, trat aus dem Haus und zog die Tür hinter mir zu, wie es die alte Dame gewünscht hatte. Plötzlich fiel mir ein, dass ich sie nicht einmal nach ihrem Namen gefragt hatte. Da ich sie jedoch nicht in ihrer Mittagsruhe stören wollte, beschloss ich, mich im Ort nach ihr und dem Haus zu erkundigen und verließ das Grundstück über die mit Lavendel gesäumte Einfahrt.

Der Inhaber der kleinen Pension, in der ich abgestiegen war, konnte mir nicht weiterhelfen und verwies mich ans Einwohnermeldeamt im Rathaus. Einen Moment dachte ich darüber nach, die Sache auf sich beruhen zu lassen, doch die alte Dame und dieses Haus gingen mir einfach nicht aus dem Kopf.

„Sie sprechen von der heruntergekommenen Gründerzeitvilla, die längst abgerissen werden müsste", bemerkte der Amtsangestellte. „Hm, da muss ich erst mal ins Archiv. Sie können mich gerne begleiten", forderte er mich auf und erhob sich.

So viele Umstände wollte ich nun doch nicht machen. Ich bedankte mich und begab mich zur Tür.

„Unsinn, jetzt sind Sie schon mal hier, da können wir auch nachsehen. Ist eine willkommene Abwechslung für mich", meinte er freundlich.

Es dauerte eine Weile, bis er den richtigen Karton gefunden hatte. Verwundert stellte er fest, dass sich im Karton Unterlagen befanden, mit denen er nicht gerechnet hatte. „Das ist ein Testament. Seltsam", murmelte er und zählte die weiteren Unterlagen auf. „Grundbuchauszug, Baupläne und hier ein Brief an einen Herrn Marcus von Linden. Ist an den Absender – also an uns – zurückgekommen. Der Mann wurde wohl nicht gefunden."

Ich spürte, wie mein Kreislauf abzusacken begann und musste mich setzen. „Der Mann war mein Vater. Entschuldigung, ich habe versäumt mich vorzustellen, Ellena Linden. Das ‚von' habe ich bereits vor Jahren abgelegt."

„Oh!"

Es stellte sich heraus, dass mein Vater ein Urenkel der alten Dame war.

„Sie müssen sich entsprechend ausweisen, dann kann ich Ihnen die Unterlagen aushändigen."

„Weshalb wurden die Unterlagen nicht mehr an …, ja, an meine … Ururgroßmutter zurückgegeben?"

Er blickte mich einen Moment an, als verstehe er die Frage nicht. „Weil sie verstorben ist. Hier sehen Sie selbst." Er reichte mir ein in Leder gebundenes Familienbuch.

„Geburtsurkunden, Tauf- und Sterbeurkunden."

„Wer ist dann die alte Dame, die im Haus lebt?"

Mit einem Blick, der deutlich erkennen ließ, dass er mich nun doch für überspannt oder sogar verrückt hielt, erklärte er mir, dass in dem Haus niemand mehr leben könne, da es einsturzgefährdet sei.

Letztendlich spielte es keine Rolle mehr, weshalb dieser Brief nicht an mich weitergeleitet worden war, dass mein Wagen ausgerechnet an diesem Ort gestreikt und ich mich entschieden hatte, einige Urlaubstage hier zu verbringen.

Am Tag darauf hatte ich mit Hilfe des Amtsangestellten einen Termin beim zuständigen Notar, von dem ich mir mein Erbe rechtskräftig beurkunden ließ.

Danach fuhr ich mit meinem Wagen auf den mit Unkräutern bewachsenen Hof des Anwesens. Bevor ich jedoch darüber nachdenken konnte, wurde meine Aufmerksamkeit zur Tür des Hauses gelenkt, die sperrangelweit offenstand.

Während ich die knarrenden Stufen betrat, richtete ich meinen Blick flüchtig auf den Garten, der sich nun wie am Tag zuvor wieder in verwildertem Zustand befand. Spätestens jedoch, nachdem ich die Diele betreten hatte, musste ich dem Mann vom Rathaus recht geben.

Nichts von all dem, was ich am Tag zuvor gesehen hatte, war noch vorhanden. Ich nickte vor mich hin. Also doch! Da hat mir wohl meine Fantasie einen gehörigen Streich gespielt, dachte ich enttäuscht. Das Haus schien tatsächlich abbruchreif zu sein. Zärtlich streichelte ich über das Geländer des Hauses, in dem ich vor vielen Jahren bereits eine kurze Zeit meines Lebens verbracht hatte und lächelte. Mein Entschluss stand fest. Ich würde das Haus mit den Mitteln renovieren lassen, die mir mein Vater hinterlassen hatte.

Als ich wenig später aus dem Haus trat, hörte ich leises Lachen. Ich drehte mich noch einmal um und rief: „Das Lachen lässt du besser, Großmutter. Die Handwerker könnten sonst annehmen, dass es hier spukt."

Ich bin angekommen

Thomas Schichl

Von oben bis unten durchnässt, stand Sabine Riemann auf dem Bahnhofsgelände mitten in Mertingen. Die Bahnhofsuhr zeigte zweiundzwanzig Uhr an. Der herbstliche, kalte Regen prasselte auf Sabine nieder. Auf dem Rücken hing ein alter, vergilbter Rucksack. Sie hatte ihn schnell gepackt und wollte nur noch weg. Egal wohin. Nur weg von Fred, dem Lebensgefährten, diesem Tyrannen.

Es war doch so ein schöner Tag gewesen. Sie hatte eine gute Nachricht erhalten, die ihr beider Leben verändern sollte. Doch was machte er? Er flippte aus. Warf sie auf die Straße, einfach so, mir nichts, dir nichts. Es war ihm egal, ob es in Strömen regnete.

Jetzt stand sie da, mitten in diesem Unwetter, in dem man keinen Hund nach draußen jagen würde. Wo sollte sie hin? Jetzt zu dieser späten Stunde, mit nur ein paar Euros in der Tasche?

Wie grausam das Leben doch sein kann, von einem Hochgefühl zum tiefsten Elend.

Sabine bemerkte die fremde Gestalt nicht sofort. Erst als sie aus dem Schatten hervortrat. Sabine war erleichtert, dass es nur eine kleine ältere Frau mit einer Handtasche und einem roten Regenschirm war, die zögerlich und mit tapsigen Schritten auf sie zukam.

„Wollen Sie mit unter den Schirm?" Die Fremde reckte ihren Arm mit dem Schirm in die Höhe und schaute ihr in das durchnässte Gesicht.

Sabine musterte sie kurz und nickte einwilligend, da sie keine bösen Absichten erkannte. Der Schirm gab nicht viel Schutz und doch ein Gefühl von Geborgenheit.

Nur wenige Minuten später trudelte der angemeldete Zug ein. Auf dem leuchtenden Schild der Lok war Augsburg als Ziel angezeigt. Gemeinsam betraten sie den erstbesten Waggon und nahmen einander gegenüber Platz. Die ältere Dame schüttelte die Nässe von ihrem roten Schirm, der jetzt, im Licht des Abteils sichtbar, kleine weiße Engel aufgedruckt hatte, und legte ihn auf einem der freien Plätze ab.

Das Abteil war zu dieser Stunde außer den beiden leer. Die ältere Dame musterte Sabine.

„Wo soll die späte Reise hingehen?", durchbrach sie die Stille.

Sabine streifte die Nässe ihres Haars ab, das triefend in ihrem Gesicht klebte. Legte den schweren Rucksack auf die Ablage. Tränen rannen über ihre Wangen. „Ich weiß es nicht!" Sie schlug die Hände vor ihre Augen und begann heftig zu schluchzen.

Die ältere Dame zog aus ihrem Mantel ein weißes Stofftuch hervor und reichte es Sabine, die sich damit die Tränen abwischte und hineinschniefte.

„Sie müssen doch wissen, wohin Sie wollen!"

„Dieser Scheißkerl hat mich einfach rausgeschmissen!" Sie schlug mit ihrer geballten Faust gegen den ledernen Sitz.

„Das ist aber nicht nett von ihm. Solch eine reizende Frau so zu behandeln. Was ist der Grund?"

Sabine strich sich über den Bauch. „Ich bin schwanger!" Wieder rannen Tränen in Strömen aus ihren Augen.

„Das ist doch was Erfreuliches."

„Dachte ich im ersten Moment auch. Doch er hat alles versaut und mir die Schuld dafür gegeben. ‚Warum hast du nicht aufgepasst, ich dachte du nimmst die Pille' und so weiter!"

„Oh ja, da sind die Männer schnell am Start, die Verantwortung abzuwälzen."

„Wir hatten uns doch schon auf ein Familienleben geeinigt, dachte ich." Sie schüttelte verständnislos den Kopf.

„Warten Sie ab, er braucht noch ein wenig Zeit, das zu realisieren."

„Es war so unwirklich, wie er mich heute behandelte. So brutal hatte er mich nie angebrüllt."

„Meinen Sie, er würde Sie schlagen, wenn Sie zurückkehren?"

Sabine schaute die Dame ungläubig an: „Wie zu ihm zurück? Er hat mich rausgeschmissen!"

„Vielleicht war es ja nur eine Kurzschlussreaktion und er bedauert jetzt seine Reaktion auf die neue Situation."

„Nein, er hat jetzt sein wahres Gesicht gezeigt. Es wird kein Wir mehr geben."

„Was ist mit Ihren Eltern? Können Sie vielleicht zu ihnen?"

Sabine biss sich auf die Lippen.

„Sie wohnen hier in Augsburg, ich bin dort aufgewachsen. Aber ich bin mit vierzehn von zu Hause abgehauen, wegen ihm. Ich weiß nicht, ob ich wieder zurückgehen kann. Meine Eltern waren damals schon so spießig und herrschsüchtig, mein Leben zu bestimmen. Ob das gut gehen würde?" Zweifel lag in ihrer Miene.

„Ich bin auch eine Mutter und mein Kind bleibt mein Kind, in guten wie in schlechten Zeiten. Es würde immer eine offene Tür bei mir finden und das wird sicher auch bei Ihren Eltern so sein."

Sabine strich grübelnd mit den Händen durch ihr nasses Haar und nickte nach einer Weile zustimmend.

Der Zug ruckelte und bremste ab.

„Das ist mein Haltepunkt, hier muss ich raus." Die alte Dame erhob sich von ihrem Sitz und nahm ihren Schirm an sich.

„Oh, jetzt schon?"

„Ja, ich hoffe, Sie haben neuen Mut gefasst und finden den richtigen Weg. Auf Wiedersehen!", verabschiedete sie sich und stieg aus dem Waggon, der in Gersthofen angehalten hatte.

Sabine blickte ihr hinterher, bis der Zug sich in Bewegung setzte und sie die ältere Dame nur noch erahnen konnte.

Ein paar Stationen weiter stieg auch Sabine aus und marschierte mit weichen Knien auf ihr Elternhaus zu.

Sie atmete tief durch, bevor sie klingelte.

Ein Licht erhellte den Eingangsbereich. Langsam schob sich die Haustür auf. Eine in die Jahre gekommene Frau mit grauen Schläfen und einigen Falten schob sich in den Lichtkegel des Flurs. Mit den Händen in die Hüfte gestemmt wollte sie schon losbrüllen, wer zu dieser unmenschlichen Zeit hier läutete, als Sabine ihr schon mit tränenden Augen um den Hals fiel und ihr einen Kuss auf die Wange drückte.

„Mama, ich bin 's, Sabine!"

Zitternd und weinend klammerte die Mutter ihre Tochter fest an sich. „Herzlich willkommen, meine Tochter!"

Sabine spürte, wie ihr das Herz aufging und sie für sich zufrieden feststellte: Endlich bin ich angekommen.

wie

IN DIESER STADT

und

INVASION

In dieser Stadt war ich mal zu Haus

Harald Metz

Am 18. Dezember 1965, also nach einem Monat und vier Tagen auf See, liefen wir in Hamburg ein und ich hatte abgemustert, wie es in der Seemannssprache heißt. Ich bekam nach dem Anlegen im Hafen meine Post ausgehändigt und einhundert Deutsche Mark meiner Heuer ausbezahlt. Der Rest der Heuer wurde mir nach der Abrechnung durch das Reedereibüro zugesandt, dies passierte allerdings erst in der ersten Januarwoche 1966. Meine Eltern hatte ich über meine Abmusterung nicht informiert, da ich immer noch sehr unsicher war, wie mein Vater wirklich darauf reagieren würde.

Bepackt mit Seesack und Fünf-Liter-Korbflasche Málaga-Wein ging es zum nächsten Taxistand und mit dem Taxi zum Hauptbahnhof in Hamburg. Ich konnte noch eine Fahrkarte lösen und schon knapp eine Stunde später in den Zug nach München steigen. Es war inzwischen schon sehr spät geworden, so dass der Zug über Nacht fuhr und morgens in München ankam. Dort musste ich mit meinem Gepäck vom Hauptbahnhof zum Holzkirchner Bahnhof laufen, um dort in den Zug nach Wolfratshausen einzusteigen. Eine S-Bahn gab es damals noch nicht. Zwar war die Strecke, welche Isartalbahn genannt wurde, damals schon bis Wolfratshausen elektrifiziert und man konnte mit dem Schienenbus sogar weiter bis Beuerberg fahren, jedoch lief alles noch in ruhigeren Bahnen und es wurde eine gemütliche Fahrt nach Wolfratshausen.

Dort musste ich in den Bus nach Geretsried umsteigen. Ich stieg allerdings nicht an der Bushaltestelle vor meinem

Elternhaus aus, sondern zwei Haltestellen vorher beim Herglotz, einem alteingesessenen Elektrogeschäft. Es war ein seltsames Gefühl, als ich aus dem Bus stieg und wieder heimischen Boden betrat. Als ich beim Aussteigen mein kleines Transistorradio einschaltete, ertönte ausgerechnet das Lied „In dieser Stadt war ich mal zu Haus", gesungen von Hildegard Knef. Ich war froh, dass mich jetzt niemand sah, denn das Wasser stand mir in den Augen.

Invasion

Henrike Straub

Zufrieden lehnt sich die Hausfrau zurück und nimmt einen Schluck Kaffee. Die Herbstsonne blitzt durch die blank geputzten Fenster, nirgends ein Streifen, nirgends ein Fleck. Genauso blank blitzen die Augen der Frau.

Da trübt sich der Blick. Bewegt sich da nicht etwas und überquert die soeben gewienerte Scheibe?

Ein Marienkäfer! Wie nett.

Sie liebt Marienkäfer, vor allem, wenn sie sich im Garten bewegen. Hier im Haus haben die eigentlich nichts zu suchen, aber ein einzelner ist ja schließlich kein Drama.

„Schau mal Mama, wie süß!" Das Töchterchen hat den kleinen Krabbler auch entdeckt und vorsichtig auf die Hand gesetzt. Ach ja, die Mutter hat als Kind auch immer diese hübschen kleinen Käfer aufgesammelt und über die Finger laufen lassen.

Bei genauerer Betrachtung ist dieser Käfer aber gar nicht so süß. Weder rot, noch sieben Punkte, sondern gelb mit kaum zählbaren Flecken, viel breiter als die bekannten von früher, und von Finger zu Finger krabbeln mag dieses Exemplar auch nicht. Kaum vom Fenster gepflückt, breitet es die Flügelchen aus und fliegt weg – zum Fenster. Auf der Kinderhand bleiben zwei winzige gelbe Punkte, stinkende Punkte!

Daran kann sie sich gar nicht erinnern, dass die Käfer früher so gestunken haben. Gut, dass die Flecken auf der Kinderhand sind und nicht am Fenster.

Die Augen verfolgen den Weg des Käfers. Da kommt noch einer aus einer Ecke gekrabbelt und noch einer.

Gesellige Tierchen!

Das Töchterchen holt ein Glas und gemeinsam werden die Käferchen eingesammelt und durch das geöffnete Fenster, das einzige ohne Fliegengitter, in die Freiheit entlassen. Sollen sie sich nur sattfressen an den Blattläusen. Gibt es ja genug im Garten.

Kaum ist das Fenster geschlossen, krabbelt das nächste Tier quer darüber. Und hier schon wieder eins. Ebenso an allen anderen Fenstern, die zur Sonnenseite gehen.

„Hol das Glas! Wir wollen doch auch diese Tierchen freilassen. Sie sind ja so nützlich!"

Hat es früher auch so viele in den Wohnungen gegeben? Die Frau kann sich gar nicht daran erinnern.

Sie öffnet das Fenster, um die neue Sammlung zu entlassen. Da sieht sie sie sitzen! In allen Spalten und Ritzen, an der Hauswand, an der Garagenwand. Hunderte – Tausende! Gelbe, schwarze, rote – sehr lebendig!

Sie kann das Fenster gar nicht schnell genug schließen, schon sind wieder etliche in die Wohnung gekrabbelt. So flink, dass man sie gar nicht mehr mit den Augen verfolgen kann.

Die ersten Schmierer sind auf den frisch geputzten Scheiben, Streifen, Flecken, gelbe Flecken – stinkend!

Da reicht ein Glas nicht mehr. Nützlich hin oder her, der Staubsauger muss ran.

Plopp, flupp, schwupp – verschwinden die Käfer im gierigen Schlund des Gerätes. Es stinkt sogar aus dem Sauger heraus.

Endlich ist keiner mehr zu sehen. Es wird kühler draußen, die anderen haben wohl einen Unterschlupf gefunden.

Die Frau atmet durch, nimmt den Lappen und putzt die paar Streifen auf den Scheiben fort.

Als der Mann am Abend nach Hause kommt, ist keiner mehr zu sehen.

Doch die Ruhe trügt. Das gleiche Spiel an den nächsten Tagen. Trotz der Fliegengitter an den Fenstern – es wimmelt von Käfern. Süß sind die nicht mehr, nur noch lästig. Sie hängen sogar innen an den Fliegengittern und wärmen sich ihre Bäuche! Wie sind die nur hereingekommen?

Wenn sie nur an den Fenstern bleiben würden. Aber sie krabbeln überall: an den Wänden, in der Badewanne, über den Küchentisch, im Nacken – stinkend, wenn man sie wegwischt.

„Mama, mach das weg! Ich mag das nicht!", jammert das Töchterchen, als sich schon wieder einer in ihrem Haar verfangen hat.

Der Staubsauger ist im Dauereinsatz. Rauf auf die Leiter, ein halbes Dutzend vom Giebelfenster geholt. Flupp – einer am Fernseher. Plopp – noch einer am Monitor. Hier noch einer an der Wandlampe – schlupp, hier der nächste – flopp – plopp – flupp – – – ? „Hab ich dich nicht erwischt? Na warte, dich krieg ich schon noch!"

Die Jagd ist eröffnet! Es wird zur Besessenheit, jeden zu finden und einzusaugen. Mit diabolischer Genugtuung registriert die Frau jeden Plopp und Flupp – egal ob nützlich, sie stehen nicht unter Naturschutz!

Die paar am Fenster ohne Fliegengitter sind wahre Glückskäfer und werden doch noch eingesammelt und befreit, aber für den Rest gibt es keine Gnade. Sie würden ja eh verhungern.

Langsam werden es weniger, die Massen sind wohl weitergezogen. Aber die Augen sind trainiert, der Jagdtrieb ist im Lauermodus, kein Nachzügler entkommt – je nach Fundort: Freiheit oder Höllenschlund.

Da hört die Frau den Mann am Telefon sprechen: „Was? Invasion von Marienkäfern? Bei euch waren Massen im Haus? Seit Wochen? – Nein, wir hatten keine im Haus."

wie

JEDERMANN

und

JÄGER

Jeder von uns gibt sein Bestes

Elisabeth Lange

Jeder von uns gibt sein Bestes
und doch scheitern wir oft kläglich,
manchmal mehrmals täglich.

Wie kann das sein?
Und lebten die Menschen früher oft auch so allein?
Jeder für sich in seiner kleinen Welt.
Der eine mit viel, der andere mit wenig Geld.
Wie schön, dass wir auch fähig sind,
uns zu verbinden,
uns gegenseitig zu helfen
und echte Freunde zu gewinnen.

So soll es immer bleiben,
solange wir Menschen auf Erden verweilen.

Warum der alte Jäger Sepp nicht in den Himmel will

Manfred Wiedemann

Der Sepp saß auf der Ansitzleiter und träumte vor sich hin. Seinen Dackel, den Wastl, hatte er wie immer mit hinaufgenommen. Eine Jagd ohne den Wastl konnte sich der Sepp nicht vorstellen. Im Übrigen war es nicht der erste Dackel, den der Sepp führte, nein, es war inzwischen Wastl Nr. 6, denn alle seine Hunde hatten, warum auch immer, den gleichen Namen. Auch wenn sie laut Stammbuch des Deutschen Teckelclubs ganz andere und zwar recht hochtrabende „adlige" Namen hatten. Wichtig für ihn war nur, dass seine Hunde gute Jagdhunde waren. Und das waren sie ausnahmslos.

Der alte Jäger saß nicht auf ein bestimmtes Wild an – er hatte noch nicht einmal die Absicht, überhaupt etwas zu schießen – aber es war für ihn einfach schön, die Natur und das Wild zu beobachten. Daneben galt es, für seinen Jagdherrn einen guten Bock auszumachen, denn das war seine Aufgabe, aber auch sein Stolz. Nichts befriedigte den Sepp mehr, als wenn er einen guten Bock bestätigen konnte, den sein Jagdherr, der nicht so viel Zeit hatte, dann auch erlegte. Der Sepp zählte in Gedanken die vielen kapitalen Böcke und Keiler, die er dadurch seinem Jagdherrn schon vor die Büchse gebracht hatte. Nicht immer lag das Stück Wild im Feuer und so manches Mal war es dann die Aufgabe des Wastl, am langen Riemen das Stück nachzusuchen.

Für den alten Mann war es in den letzten Jahren recht anstrengend geworden, wenn wieder eine Nachsuche durch eine bürstendicke Dickung fällig geworden war. Aber wenn der Wastl dann am Stück „Laut gab" und kaum von dem Wild ablassen wollte, war der Sepp selig. Mit all diesen Gedanken war der Sepp eingeschlafen und er träumte.

Der Sepp träumte, dass er gestorben war und auf einer nicht enden wollenden Leiter einen Hochsitz bestieg. Endlich dort oben angekommen, bemerkte er den Irrtum. Nicht auf einen Hochsitz war er geklettert, nein, er kam im Himmel an. Petrus, der sich gekleidet hatte wie ein Feriengast aus dem Norden, der die schönen Bayerischen Berge erleben möchte, glaubte, so dem Sepp zu imponieren. Da kam er aber bei dem alten Jäger an den Falschen. „Und was der für eine Maskerade anhat", brummte der Sepp. Petrus hielt es für geraten, dem Sepp darauf nicht zu antworten. Nachdem der sich ein wenig umgesehen hatte, meinte er nur, dass hier ja alles ganz nett sei, dass er sich aber von dem vielen Gold und Silber und vor allem von dem gleißend hellen Licht geblendet fühle, denn seine Augen seien mehr an das Dämmerlicht bei frühen und späten Ansitzen im Wald gewöhnt, und dass ihm der ganze Pomp hier oben nicht recht gefalle. Petrus war von einigen verstorbenen Jägern schon einiges gewohnt – Jäger kommen ja bekanntlich immer in den Himmel – aber so direkt hatte bisher noch keiner sein Missfallen geäußert. Um den Neuzugang zu beruhigen, erklärte er ihm, dass es für die „Grünen" einen eigenen Jägerhimmel gebe, der mit einer bestimmten Partei nichts zu tun habe und in den er den Sepp jetzt führen wolle. Halbwegs beruhigt folgte dieser nun dem alten Himmelswächter in der Hoffnung, dass es sich hier oben vielleicht doch aushalten ließe.

Sie schritten durch eine riesige, undurchdringliche Hecke und der Sepp sah ein wunderschönes Tal, in dem sich Hirsche, Sauen, Rehe, Hasen, Enten und Gänse, und was es sonst noch in seiner bayerischen Heimat an Wild gab, friedlich äsend in ungezählter Menge tummelten. An den Waldrändern gab es Ansitzleitern und auf jeder saß ein Jäger in ähnlicher Kleidung, wie Petrus sie trug. Alle hatten sie Gewehre in der Hand und ab und zu fiel auch ein Schuss. Aber nie fiel ein Stück Wild. „Was sind denn das für Sonntagsjäger?", wollte der Sepp wissen. „Trifft denn hier keiner das Wild, auf das er schießt?" Er dachte mit Grauen daran, dass er hier vielleicht einmal einen von den „Großkopferten", und dabei dachte er an sämtliche Erzengel, aber auch an den lieben Gott, führen müsse und dann solche „Schlumpschützen" auf der Jagd habe.

Nun erklärte ihm Petrus, dass hier oben kein Wild totgeschossen würde, sondern dass auch die getroffenen Stücke weiterleben würden und dass sich die himmlischen Jagdfreuden eben ein wenig von den weltlichen unterscheiden würden. „So etwas Dummes hab ich ja meiner Lebtag noch nicht g'hört", eiferte sich der Sepp und bemerkte erst jetzt, dass er ohne seinen Wastl in den Himmel gekommen war. „Und was wäre denn das für eine Jagerei, wenn keiner einen Hund dabeihat?", erboste der Sepp sich. Petrus beeilte sich ihm zu erklären, dass man hier ja keinen Hund brauche, da ja das geschossene Wild weiterlebe, und dass Nachsuchen deshalb überflüssig sei. Und außerdem könne das Wildbret nicht verwertet werden, weil es hier oben nur Manna zum Essen gäbe. „A Manna ..., so, a Manna", erwiderte der Sepp und die Enttäuschung war ihm deutlich anzumerken. Zudem gäbe es hier ein Hundeverbot, so der Petrus, denn man wolle keine sogenannten Tretminen, in welche die anderen Himmelsjäger dann hineintreten würden. Schließlich wären hier auch so berühmte Jäger wie der alte Forstrat im Himmel. Dabei zeigte er auf einen alten Herrn mit Rauschebart, den der Sepp von den sogenannten Verbiss-Gutachten her recht gut kannte. Das aber war zu viel für unseren alten und erfahrenen Waidmann, denn auf so eine Jagd konnte er verzichten. Und auf so einen Himmel schon zweimal. Dabei schlug er mit der Faust auf die vor ihm angebrachte Schießauflage, dass dem Petrus angst und bange wurde.

Das Holz splitterte und sein Wastl heulte ganz schrecklich auf, denn der Dackel war zu Tode erschrocken. Durch diesen Jammerschrei, den der arme Hund daraufhin ausstieß, erwachte der Sepp, streichelte seinen Wastl entschuldigend mit der Hand und erklärte dem treuen Hund, dass er unter diesen Umständen keinesfalls in den Himmel wolle.

Jäger in Not

Manfred Wiedemann

Ein Jägersmann, der froh und heiter,
bestieg die Jäger-Ansitz-Leiter
und dachte bei sich gar nichts weiter.

Die Sonne schien und gab ihm Wärme,
doch plötzlich fühlt er im Gedärme
so Ähnliches wie Mückenschwärme.

Zugleich ein Bock, von dem man träumt,
und den man keinesfalls versäumt.
Wie gut, dass er nicht abgebäumt!

Doch weiter zwickt es, welche Not!
Wär' nur der gute Bock schon tot!
Er sieht auf einmal nur noch rot.

Er hebt die Büchse, ein Schuss bricht!
Den Rehbock trifft er leider nicht.
Ein Glück, die Lederhos' hält dicht.

wie

KATZEN

UND

KARTOFFELN

Die falsche Katze

Henrike Straub

Nora liebte Katzen – und sie liebte Malerei.
Sie hatte keine Katze und eigentlich war sie von ihrem künstlerischen Talent nicht wirklich überzeugt. Doch das hielt sie nicht davon ab, immer wieder neue Bilder mit allen möglichen Motiven entstehen zu lassen. Leider hatten ihre Bilder bisher noch keine Käufer gefunden, was aber wohl hauptsächlich daran lag, dass Nora ihre Werke noch nie ausgestellt hatte und kaum jemand ihre Gemälde kannte. Bilder mit Katzen hatte sie bisher noch nicht gemalt, sie hielt es für zu schwierig.
Eines Tages wagte sie sich dann doch an ein Katzenmotiv. „Katze, schlafend im Blumenbeet".
Nora fand das Bild nicht unbedingt berauschend, aber doch ganz hübsch. Und tatsächlich wurde es gekauft. Eine fanatische Katzenliebhaberin nahm es, als Nora das Bild für die Spendenveranstaltung des örtlichen Tierheims zur Verfügung stellte.
Angestachelt durch den unerwarteten Erfolg, malte Nora ein zweites Bild: „Blumenbeet mit dösender Katze". Auch dieses Bild fand im Tierheim eine Liebhaberin.
Es folgten: „Zwei Kätzchen im Blumenbeet","Blumen mit Katze",„Spielende Kätzchen im Beet",„Schattenplätzchen" – ein Aquarell mit einer Katze unter einem Rosenstrauch – und „Kühler Ruheplatz" – ein Aquarell mit einem Rosenstrauch und einer Katze darunter.
Jedes dieser Bilder wurde mit Begeisterung von Besuchern des Tierheims erworben und dadurch wurden Noras

Name und ihre Kunst im Laufe der Zeit nicht nur den Tierheimbesuchern, sondern auch den Bewohnern des kleinen Städtchens bekannt.

Bilder wie „Katze mit erbeutetem Vogel", „Erfolgreiche Jagd" oder „Mit Beute spielende Katze" fanden jedoch keine Freunde. Im Gegenteil, potenzielle Kunden gaben eher gehässige Kommentare ab und besonders eifrige Tierschützer warfen Drohungen in ihren Briefkasten. Also blieb sie notgedrungen bei dem bewährten Motiv.

***

Es war an einem schönen Sonntagnachmittag, Nora befasste sich gerade mit einer kniffligen Technik, als jemand bei ihr Sturm läutete und heftig an die Haustüre klopfte. Nora öffnete und konnte gerade noch einem Stockhieb ausweichen, der auf dem Weg zur Tür war. Die schon ziemlich betagte Nachbarin Anni Stiller stand davor.

„In meinem Blumenbeet liegt eine riesige Katze!", schnaubte sie mit hochrotem Kopf.

„Das ist nicht meine Katze", erwiderte Nora und wollte die Türe wieder schließen. Doch die Nachbarin steckte den Gehstock in den Spalt.

„Sie sind die Katzenkennerin! Sie müssen das Vieh entfernen! Ich bin allergisch!"

„Aber ich male nur Katzen, ich kenne mich nicht mit den Tieren aus. Außerdem liegt sie ja offensichtlich nur im Garten. Gehen Sie einfach im großen Bogen herum, dann passiert Ihnen schon nichts. Oder Sie wenden sich an das Tierheim, vielleicht kann Ihnen von dort jemand helfen."

„Sie liegt in meinem schönsten Beet und alle Blumen sind schon platt!", polterte Anni weiter. „Sie sind meine nächste Nachbarin und müssen mir gefälligst helfen!"

„Offensichtlich liebt die Katze ihr Blumenbeet, das ist sicher ein hübsches Bild."

„Ich will kein Bild, ich will, dass die Katze verschwindet!" Nora entschloss sich hinüberzugehen und die Lage zu sondieren.

Der Vorgarten der Nachbarin war deren ganzer Stolz, prächtig, mit wunderschönen, großen Rabatten, die sich mit dekorativ bepflanzten Gemüsebeeten abwechselten. Und tatsächlich, in einem der Blumenbeete lag eine zusammengeringelte Katze, die ziemlich groß zu sein schien. Nora konnte das aber nicht genau erkennen, da nur der Rücken und der – allerdings ziemlich auffällig buschige – Schwanz zu sehen waren. Das Beet wirkte durch das große Tier klein, doch die übrigen, noch aufrecht stehenden Blumen bildeten einen hübschen Rahmen.

„Ich denke, das ist keine normale Hauskatze", meinte Nora, „aber die Farbe der Blumen gibt einen hervorragenden Kontrast zur Färbung des Fells."

„Das ist mit reichlich egal!" Die Nachbarin wurde noch röter im Gesicht. „Sorgen Sie dafür, dass dieses Biest meinen Garten verlässt!"

„Na, da brauche ich erst mal meine Ausrüstung." Nora lief zu ihrem Haus zurück, um Skizzenblock, Stifte und vor allem eine Kamera zu holen.

Kaum zurück, schimpfte die Nachbarin: „Was wollen Sie denn damit? Eine Katzenbox oder ein Käfig wären doch sicher zielführender, meinen Sie nicht?" Dabei wurde Anni Stiller – ihrem Namen so gar nicht entsprechend – immer lauter.

„Pst, nicht so laut! Sonst läuft mir mein Motiv noch davon, bevor ich es festgehalten habe."

„Sie wollen doch nicht ernsthaft jetzt hier anfangen zu malen! Sch, sch, kusch, weg mit dir!", unternahm Anni jetzt selbst den Versuch, das Tier zu verscheuchen, natürlich in gebührendem Abstand – wegen ihrer Allergie.

Der Lärm weckte die ruhende Katze. Erst zuckten die Haare am Rücken, dann zuckte der buschige Schwanz, schließlich erhob sie sich, streckte und dehnte sich und drehte sich um.

Es war gar keine Katze! Es war ein Waschbär, der in dem prächtigen Beet seine Mittagsruhe gehalten hatte.

Nora zückte die Kamera und Anni Stiller war sprachlos.

Der Waschbär bewahrte stoische Ruhe und begann, an einigen Knospen der restlichen Blumen zu knabbern, dann grub er ein bisschen im Beet und fand eine Schnecke, die er schmatzend verspeiste.

Nora knipste und Anni schnaufte heftig.

Der Waschbär lief hinüber zu einem anderen Beet, in dem gerade Tomaten und andere Gemüsesorten rot und gelb durch das Grün leuchteten, und tat sich an den besten Früchten gütlich. Das Beet sah danach bei weitem nicht mehr so attraktiv wie vorher aus.

Nora machte Fotos und Anni schnappte nach Luft.

Schließlich landete der Waschbär mit einem Sprung in einem besonders prachtvoll erblühten Beet und grub eifrig nach einem Leckerbissen im Boden, was der Schönheit der Anlage sichtbar abträglich war. Dann schien er sich an seinen von der Natur vorgesehenen Lebensraum zu erinnern und trottete entspannt in Richtung Wald, wo er verschwand.

Nora hielt das Geschehen mit einer Fotostrecke fest, Anni sank auf die Bank vor ihrem Gartenzaun und fiel mit einem leisen Seufzer in Ohnmacht.

Die gar nicht gesunde Röte in ihrem Gesicht war einer ebensolchen Blässe gewichen, der herbeigerufene Notarzt bescheinigte einen ausgeprägten Schwächeanfall, konnte jedoch eine allergische Reaktion ausschließen.

Das Bild „Waschbär im Vorgarten", das auf Basis der Fotos entstand, erregte die Aufmerksamkeit eines Kunstmäzens, der dafür sorgte, dass es bei einem Wettbewerb den gebührenden ersten Platz errang. Ebenso erfolgreich in der nationalen und später internationalen Kunstszene wurde Noras Werk „Krähen plündern einen Kaffeetisch", das es sogar bis in ein bedeutendes Kunstmuseum in New York brachte.

Das Kartoffelfeuer

Jörg-Reiner Mayer-Karstadt

Es ist noch gar nicht so lange her, da gab es das noch im Herbst bei der Kartoffelernte. Und trotzdem fängt die Geschichte an wie alle Geschichten.

Es war einmal im Herbst. Die Kartoffeln waren ausgereift, ihre Kräuter, auch Reben genannt, hatten ihre grüne Farbe verloren und waren dürr und braun geworden. Sie lagen jetzt mehr auf den Kartoffelbeeten als dass sie standen. Es war Erntezeit.

„Kartoffelerntezeit!", sagte der Bauer Hubert zu seiner Frau Petra und den Kindern Luis und Luise. Schon früh am Morgen ging es mit dem alten Leiterwagen, auf welchem Seitenbretter aufgelegt und hinten und vorn Säcke quergelegt waren, mit den Kühen vorgespannt, hinaus auf das Kartoffelfeld. Die Bretter und Säcke brauchte man, damit die Kartoffeln nach dem Aufladen nicht aus dem Leiterwagen fielen, da die Seitenwandsprossen weit auseinander standen. Hacken, Weidenkörbe und eine Gabel waren auch noch mitgenommen worden, um die Kartoffeln aus der Erde zu holen, auf den Wagen zu laden und die Reben auf Haufen zusammenzutragen.

Luis und Luise waren neugierig, ob es viele Kartoffeln gab und wie groß diese geworden waren. Den ganzen Tag über hatten alle fleißig gearbeitet, nur eine kleine Pause zu Mittag gemacht und dabei gesalzenes Brot gegessen und Apfelmost dazu getrunken.

Es gab große und kleine Kartoffeln und es waren sehr viele. Von den großen Kartoffeln gab es mehr und viele waren gut faustgroß geworden. Die Reben hatte Vater Hubert mit der Gabel auf große Haufen zusammengetragen und diese wurden vor dem Nachhausegehen abgebrannt. Luis und Luise freuten sich über das qualmende Feuer und es biss auch etwas in den Augen, wenn man in den Rauch hineinkam. Am Boden im Feuer lagen oft Kartoffeln, die beim Einsammeln übersehen worden waren. Mutter Petra warf noch einige mittelgroße Kartoffeln in das Feuer. Als es heruntergebrannt war, suchte sie mit der Gabel in der Glut nach den geschmorten Kartoffeln und stupfte diese mit einer der Gabelzinken aus der Glut heraus. Die Schalen waren schwarz angebrannt und verkohlt. Mutter Petra nahm eine der noch heißen Kartoffeln, rieb die verkohlte Schale etwas ab und biss hinein. „Hmm, wie das schmeckt", sagte sie, „holt euch auch welche". Luis und Luise ließen sich das nicht zweimal sagen und Vater Hubert griff ebenfalls zu. Die Kartoffeln waren noch so heiß, dass man sie kaum in der Hand halten konnte. Zum Abkühlen musste man sie noch mehrmals kräftig anpusten. Sie rieben von den Kartoffeln ebenfalls die angekohlte Schale ab und bissen dann herzhaft hinein. Das waren die besten Kartoffeln auf der ganzen Welt.

Ich habe selbst auch noch solche Kartoffeln gegessen und die Kartoffelfeuer auf den Feldern erlebt. Heute gibt es das alles leider nicht mehr, vielleicht noch vereinzelt in abgelegenen Gebieten. Aber ihr solltet solche Kartoffeln aus dem Kartoffelfeuer einmal probieren. Ihr werdet sehen, es gibt nichts Besseres.

Und wenn Bauer Hubert, seine Frau Petra und die Kinder Luis und Luise nicht gestorben sind, so leben sie noch heute und essen auch heute noch Kartoffeln aus dem Kartoffelfeuer.

wie

LOST PLACE

und

LINKS

Brieffreundschaft

Oliver Friese

1. September 1906

Liebe Nachbarin,

sehr herzlich darf ich Sie an der neuen, zweigleisigen Bahnstrecke zwischen Donauwörth und Treuchtlingen begrüßen. Noch rechtzeitig zur Eröffnung der Strecke bin ich fertig geworden. Bald wird eine Bahnwärterfamilie einziehen und der Streckengeher wird die Gleise zwischen uns kontrollieren. Gezählt von Donauwörth aus, bin ich das dritte Bahnwärterhaus an der Strecke und habe den dritten Buchstaben C bekommen. Mit dem Streckengeher sende ich Ihnen meine Nachrichten und hoffe auf gute Nachbarschaft.

Herzlichst C.

12. Oktober 1906

Liebe Nachbarin C.,

über Ihren Brief habe ich mich sehr gefreut und sende Ihnen diese Zeilen mit dem Streckengeher zurück. Da meine Fertigstellung bereits drei Monate zurückliegt, bin ich die Ältere und biete Ihnen gerne das Du an.

Die Eröffnungsfahrt auf der neuen Strecke war ein Schauspiel! Ein grüner Kranz schmückte die Front der Lok. Rote Schleifen wehten an allen Fenstern. Und die Damen und Herren hatten ihren feinsten Zwirn an. Der letzte Wagen war offen und eine Kapelle spielte. Ach, was erzähle ich das Schauspiel! Es muss auch unter Deinen Fenstern vorbeigezogen sein.

Herzlichst Deine Barbara

6. Dezember 1906

Liebe Barbara,

in Dir eine so liebe Nachbarin und Brieffreundin gefunden zu haben, erfreut mich sehr. Die Familie, die hier einzog, hat einen fünfjährigen Sohn und eine siebenjährige Tochter. Kurz nachdem es dunkel geworden war und der Siebzehn-Uhr-Zug passierte, klopfte es mächtig an der Tür, dass es laut im ganzen Hause zu hören war. Denk Dir, wie groß die Augen der beiden Kinder waren, als der Nikolaus vor der Türe stand. Sie baten ihn freundlich herein. Die Mutter hatte mit den Kindern ein Gedicht geübt und so war der Nikolaus sehr zufrieden. Kurz nachdem der Nikolaus gegangen war, kam ein Bahnkollege auf einen Abendtrunk. Seine Stiefel scharrten genauso über meinen Boden wie die vom Nikolaus. War das am Ende die gleiche Person?

Herzlichst C.

15. Februar 1907

Liebe C.,

von meinem Bewohner habe ich Dir noch gar nicht erzählt. Es ist ein junger Bursche, der hier allein wohnt. Deswegen hat er mir auch den Namen Barbara gegeben, statt mich nur Bahnwärterhaus B zu nennen. Einen Hausnamen zu haben, macht einen doch gleich zu einem ganz anderen Haus. Deswegen hat er beschlossen, Dir, Bahnwärterhaus C, auch einen Namen zu schenken. Wie gefällt Dir Catharina?

Deine Barbara

3. Juli 1907

Liebe Barbara,

das war eine entzückende Idee, mir einen Namen zu schenken. Nachdem Dein Bahnwärter ihn meiner Familie erzählt hat, hat die ganze Familie ihn übernommen. Auch die Kinder sprechen nur noch von ihrer Catharina. Das Mädchen wollte die Wand im Flur in einem schönen Rosé streichen, damit ihre Catharina, wie sie sagte, noch hübscher wird. Leider dürfen die Wände im Flur nur in bestimmten Weiß- und Grautönen gestrichen werden. Bahnvorschrift.

Da wir so weit auseinander sind und uns nicht sehen können, beschreibe ich Dir, wie es bei mir aussieht. Auf der anderen Seite der Gleise ist eine große Wiese. Die Bauersleute aus Mündling und Gunzenheim waren den ganzen

Tag mit dem Heu beschäftigt. Hinter mir liegt ein Stückchen Wald und ein Hang, der als Acker genutzt wird. Jeden Morgen öffnet die Frau meines Bahnwärters die Fensterläden und lässt die Sonne herein. Mein Bahnwärter ist dann schon unterwegs, um die Strecke für den Fünf-Uhr-Dreißig-Zug zu kontrollieren. Stehen wir nicht auf einem herrlichen Flecken Land? Wie sieht es bei Dir aus?

Deine Catharina

10. November 1907

Liebe Catharina,

das ist das erste Mal, dass ich Dir einen Brief schicke, der mit Deinem Namen beginnt. Ich stehe hier an der Bahnstrecke mitten im Wald. Manchmal höre ich die Kühe vom Hof Marbach. Aber das ist ein ganzes Stück zu laufen. Mein Bahnwärter holt dort immer Eier, Milch und Butter und ist dann eine lange Zeit fort. Er ist immer noch allein und ich stehe viele Stunden leer herum und warte, bis er wieder zurück ist. Jeden Tag kann ich es kaum erwarten, bis die Züge vorbeischnaufen und die Gleise unter der Last der Waggons singen.

Deine Barbara

1. September 1914

Liebe Barbara,

heute ist wieder ein schöner Zug vorbeigefahren. Ganz wie bei der Eröffnung war er mit bunten Bändern geschmückt. Er war voll mit jungen Männern in prächtigen Uniformen, die sangen und offensichtlich mit viel Freude diese Reise antraten. Fahnen des Deutschen Kaiserreiches wehten an den Waggons. Die Stimmung war so festlich wie bei der Eröffnung der Gleisstrecke, nur die Kapelle fehlte. Weißt Du, was geschehen ist? Wurde ein neuer Gleisabschnitt eröffnet?

Deine Catharina

12. März 1917

Liebe Catharina,

gestern ist eine Dampflok liegen geblieben und mein Bahnwärter musste alles organisieren, um die Lok wieder flottzubekommen. Dabei hatte sie Zeit, mir zu erzählen, was in der Welt vor sich geht. Wir in unserem Tal bekommen so wenig mit. Seit drei Jahren ist Krieg. Die jungen Männer gehen an die Front, um sich gegenseitig umzubringen. Sie hat auch erzählt, dass die Lokomotive aus Donauwörth auch für den Fronteinsatz aus der Fabrik geholt wurde. Stell Dir vor, viele Gleise, Lokomotiven, Waggons und

Bahnhöfe werden zerstört. Es gibt sie einfach nicht mehr. Ganze Städte existieren nicht mehr. Ich habe so etwas Trauriges noch nie gehört! Jetzt hat sich das Rätsel gelöst und die Wahrheit ist traurig.

Deine Barbara

16. März 1917

Liebe Barbara,

das sind schreckliche Dinge, von denen Du berichtest. Es fuhr hier auch ein Sonderzug vorbei, ich glaube Richtung Bad Kissingen, der war voll mit verletzten Menschen. Vielen sah man die Schmerzen an, die sie hatten, und viele waren bandagiert. Gesungen hat keiner. Aber lass mich Dir noch etwas Schönes erzählen. Auf der Wiese war gestern wieder die Rehfamilie. Sie haben zwei Kitze. Bei Dämmerung trauen sie sich aus dem Wald und suchen auf der Wiese nach Kräutern. Die Ricke hat immer geschaut, ob alles sicher ist. Die Kitze sind über die Wiese getollt, dass es eine Lust war zuzusehen. Ich glaube, Dir täte einmal ein bisschen Sonne gut, statt immer nur im Wald zwischen den dunklen Fichten zu stehen.

Deine Catharina

10. Oktober 1934

Liebe Catharina,

sie haben große Masten neben die Bahnstrecke gestellt. Noch habe ich nicht ganz verstanden, was sie damit wollen. Mein Bahnwärter hat Pläne bekommen auf fast transparentem Papier und was von einer „Infizierung" gemurmelt. Er hat die Pläne genau angeschaut und ist dann wieder raus auf die Strecke, um zu prüfen, ob die Masten an der richtigen Stelle stehen. Er war ziemlich aufgebracht, als er einen Fehler fand, und will bald aufbrechen, um mit eurem Bahnwärter zu sprechen, was man da tun kann.

Deine Barbara

18. Oktober 1934

Liebe Barbara,

unsere Bahnwärter haben sich unterhalten und sie haben davon gesprochen, dass unsere Gleise hier zur Eisenbahnachse Berlin - Rom gehören. Die Schnellzüge, die hier an uns vorbeibrausen, verbinden die großen Metropolen. Stell Dir nur vor, wenn hier einmal die Greta Garbo vorbeifährt, wenn sie aus Stockholm mit dem Nachtzug nach Berlin und von dort in die Filmstadt am Tiber oder nach Venedig fährt! Wie gerne würde ich einmal einen Blick auf einen der Stars in den Zügen erhaschen.

Ach ja, die Masten. Sie sagten „Elektrifizieren" dazu. Das werden Stromleitungen an der Bahnstrecke. Das hat mir die Brücke erzählt, die hier die Gleise überspannt. Für die Oberleitungen ist ihr mittlerer Bogen zu niedrig und wird durch eine höhere Konstruktion ersetzt. Die Brücke ist ein bisschen eingebildet geworden und sagt, sie gehöre jetzt zur gehobenen Gesellschaft. Dann werden neben Dampfloks auch elektrifizierte Loks fahren, die keinen Rauch und Dampf mehr ausstoßen und schnaufen. Diese elektrischen Loks sollen schnurren wie eine Katze und sie müssen nicht mehr ständig halten, weil sie Wasser brauchen, sondern können lange Strecken ohne Halt durchfahren. Die Zeiten werden immer moderner!

Herzlichst, Deine Catharina

5. April 1935

Liebe Catharina,

heute fuhr der erste Zug die ganze Strecke von Donauwörth nach Treuchtlingen elektrisch. Ich möchte die Lok nicht beleidigen, aber ohne Schornstein ist es einfach keine richtige Lok! Ohne Rauch, ohne Hitze und ohne Dampfwolken, die in den Himmel steigen und sich langsam auflösen. Ohne den Geruch der Kohle, der nach der weiten Welt riecht und die moderne Welt antreibt. Da zieht die elektrische Lok den Zug vorbei, ohne Ton, ohne Duft und ohne Wölkchen. Steril und antiseptisch und kalt. Ist das die Zu-

kunft? Kaum ist sie da, ist sie schon vorbeigezogen und wenn sie hinter der Kurve ist, dann hat man sie schon vergessen, weil sie nichts zurücklässt. Aus den Augen, aus dem Sinn. Liebe Catharina, diese Moderne mag ich nicht.

Deine Barbara

25. April 1945

Liebe Barbara,

die Nacht war schrecklich! Es blitzte und donnerte wie im schlimmsten Gewittersturm! Doch außer ein paar Flugzeugen am Nachmittag war der Himmel strahlend blau gewesen. Es dauerte die ganze Nacht an. Oft war ein Knall zu hören, von einem hohen Pfeifen gefolgt, und dann lautes Donnern und Grollen. Es zog von Richtung Mündling nach Gunzenheim direkt über unsere Gleise hinweg. Meine Familie hatte Angst und suchte Schutz im Wald. Der Horizont auf der anderen Seite der Waldwiese war rot gefärbt. Die ganze Nacht hindurch. Dort liegt Gunzenheim. Am Morgen stieg die Sonne in die Höhe und überstrahlte den roten Schein, doch Rauchwolken verdunkelten die Sonne. Alles war plötzlich so unnatürlich still.

Deine Catharina

26. April 1945

Liebe Catharina,

die Zeilen, die Du schreibst, berühren mich zutiefst und sind furchtbar. Hier im Wald war nur der Donner zu hören und ich fragte mich die ganze Zeit, warum keine Züge mehr kommen. Erst als euer Bahnwärter zu uns kam, erzählte er, dass er die Nacht im Wald verbracht hatte und die Gleise ablief, um sie auf Schäden zu prüfen. Zum Glück war alles in Ordnung, aber es fahren noch immer keine Züge. Er hat erzählt, dass der Bahnhof in Donauwörth und die Donaubrücke verwüstet sind. Vor fünf Tagen wurde der Bahnhof in Treuchtlingen bombardiert. In der Unterführung zu den Bahnsteigen haben dreihundert Menschen Schutz gesucht. Ein Volltreffer hat alles zerstört und fast alle sind gestorben. Auf Deiner Waldwiese und hier bei mir im Wald scheint alles so friedlich und dieser Wahnsinn so fern. Und doch verbinden die Gleise, an denen wir Wache halten, unsere kleinen Paradiese mit der weiten Welt und allen Menschen dort draußen. Wie gut, dass sie nur durchfahren und nicht anhalten.

Deine Barbara

11. Oktober 1965

Liebe Barbara,

es kommen keine Dampfloks mehr. Nur noch Elektrozüge schnurren vorbei. Und meine Familie bereitet sich darauf vor, mich von der Bahn zu kaufen. Nur noch alle Woche muss mein Bahnwärter die Strecke ablaufen. Wenn sie in die Elektroloks auch noch Kameras einbauen, die die Strecke vollautomatisch kontrollieren, dann brauchen sie ihn nicht mehr, hat er gesagt. Und auch uns nicht mehr. Keine Bahnwärter, keine Bahnwärterhäuschen. Er meinte, dass sie ihn in Rente schicken werden und er aber mit seiner Familie hier auf der Waldwiese bleiben möchte. Ich fände es so schön, wenn die Familie hierbleibt!

Deine Catharina

23. Mai 1975

Liebe Catharina,

mein Bahnwärter war noch über den Sommer hier und auch im Winter, obwohl er die Strecke nicht mehr ablaufen muss. Sie haben ihn in Frührente geschickt, wie er es nannte. Die Züge brausen immer schneller vorbei und er mag das Gewackel nicht mehr, wenn die schweren Güterzüge vorbeirumpeln. Er macht dann immer ein abfälliges Geräusch. Er sitzt abends viel allein in der Küche und da die anderen Streckengeher auch nicht mehr kommen, ist es sehr einsam geworden. Er ist schnell gealtert und wird in ein Altersheim für Bahner nach Augsburg ziehen. Ich hoffe, sie finden einen Käufer für mich, so wie es bei Dir ist. Ich möchte nicht allein im Wald stehen. Die neuen Schnellzüge haben nicht mal mehr Zeit, einen zu grüßen, wenn sie vorbeisausen. Was soll aus mir werden? Zum Glück habe ich noch Dich und kann Dir mit dem einen oder anderen schweren Güterzug, der langsam vorbeizieht, eine Nachricht mitschicken. Das Herz wird mir schwer.

Deine Barbara

10. Juli 1975

Liebe Barbara,

Giebel hoch! Das wird schon. Genieße den Sommer und die frische Luft. Es wird sich bestimmt jemand finden, der Dich bewohnt und in Schuss hält. Ein paar Schwalben nisten unter meinem Dachvorsprung. Ich bitte sie, Dich gelegentlich zu besuchen und bei Dir nach dem Rechten zu sehen.

Deine Catharina

29. Oktober 1975

Liebe Catharina,

gestern war es so weit. Ein großer Lieferwagen kam und holte alle Sachen meines Bahnwärters ab. Er selbst schloss die Fensterläden und sperrte die Haustüre ab. Seinen Sonnenhut, den er immer beim Ablaufen der Strecke im Sommer getragen hatte, ließ er an der Garderobe hängen. Bisher kam kein Käufer. Es wird so dunkel.

Deine Barbara

5. Juni 1986

Liebe Barbara,

meine Schwalben, jetzt schon in dritter Generation, haben mir erzählt, dass Du regelmäßig Besuch bekommst. Ich hoffe angenehmen? Erzähl mir davon, ich bin neugierig!

Deine Catharina

10. Juni 1986

Liebste Catharina,

es sind immer wieder Obdachlose, die es sich bei mir gemütlich machen. Die Haustüre ist immer noch fest verschlossen, aber sie haben einen Weg durch ein Kellerfens-

ter gefunden. Sie führen sich ordentlich auf und schätzen die Ruhe vor anderen Menschen. Wenn sie gehen, räumen sie ordentlich auf, damit sie es nächstes Mal wieder gut bei mir haben. Es hat mich noch immer niemand gekauft oder will hier dauerhaft wohnen. Wie geht es Deiner Familie?

Deine Barbara

28. August 1986

Liebe Barbara,

die Kinder meines Bahnwärters sind längst groß, fortgezogen in die weite Welt und dort selbst zu Eltern geworden. Aber im Sommer kommen sie immer gerne für ein paar Tage, um die Großeltern zu besuchen. Dann ist wieder was los und meine alten Holzdielen quietschen vor Freude, wenn die Kinder darüberrennen. Wenn sie dann wieder weg sind und wieder Ruhe einzieht, dann bin ich auch froh. Die Abwechslung ist wichtig und hält jung.

Deine Catharina

19. März 1997

Liebe Catharina,

ein Bahnenthusiast war da. Er ging in den Arbeitsraum und holte aus den Schränken die alten Rollen heraus. Es sind Blaupausen, die den genauen Streckenverlauf der Gleise zeigen, Signalstellen, Brücken und andere wichtige Punkte.

Er hat alles fein säuberlich dokumentiert und viele Fotografien gemacht. Die Fahrbücher sind seit Jahrzehnten nicht mehr aus dem Regal genommen worden und als er den Staub herunterblies, schwebte der in dicken Flocken zu Boden. Fast so wie der erste Schnee am Beginn des Winters. Er hat alles ordentlich zurückgestellt und ist dann wieder gegangen. Es war ein kurzer Besuch, aber so wie Du sagst, eine Abwechslung. Es passiert hier nicht mehr viel. Vor Kurzem waren Techniker da und haben die Funktechnik für die Bahnstrecke erneuert. Aber sie haben mich keines Blickes gewürdigt und sind nach getaner Arbeit gleich wieder gefahren. Ich glaube sie fanden es ein wenig unheimlich so allein im Wald. Vermutlich waren es Stadtmenschen.

Deine Barbara

15. November 2012

Liebe Barbara,

von der kleinen Brücke über die Gleise hatte ich Dir schon erzählt. Sie ist manchmal ein bisschen eingebildet, aber eine gute Gesellschaft. Jetzt wird sie ganz abgerissen. Für die neuen Hochgeschwindigkeitszüge reicht liften nicht mehr. Sie ist einfach zu niedrig. Abgerissen zu werden, so ein Schicksal wünscht man niemandem. Ich werde sie vermissen.

Deine Catharina

2. Mai 2014

Liebe Catharina,

wie mir Deine Schwalben erzählt haben, ist bisher keine neue Brücke nachgekommen. Aber sei nicht zu traurig, Du hast Deine Familie, denen Du immer noch Heimat bist. Bei mir hat sich nicht so viel getan und ich stehe immer noch unbewohnt herum. In letzter Zeit kommen aber immer wieder Leute vorbei, die sich umschauen. Sie kommen durch das Kellerfenster, filmen und machen viele Fotos. Sie nennen mich einen „Lost Place", das heißt so viel wie „verlorener Ort", und sich selbst nennen sie „Urban Explorer" oder kurz „Urbexer", weil es ursprünglich um die Erkundung von alten Gebäuden in der Stadt ging. So haben sie es in die Kamera erklärt. Mein Englisch ist nicht so gut, bin ja schließlich noch im Königreich Bayern gebaut worden, da waren Fremdsprachen für unsereins nicht so wichtig. Ich bin schließlich nicht der Münchner Hauptbahnhof!

Deine Barbara

15. September 2016

Liebe Barbara,

das hört sich doch wundervoll an, wenn Leute zu Dir kommen und Dich bewundern. Wenn sie alles in Ordnung lassen, damit die nächsten Dich noch möglichst mit vielen originalen Sachen entdecken können, ist das toll!

Deine Catharina

20. Oktober 2016

Liebe Catharina,

jedes Mal, wenn wieder jemand kommt, warte ich schon gespannt, ob er oder sie sich traut hereinzukommen. Manche gehen direkt zum Zaun an den Gleisen und bestaunen die vorbeifahrenden Züge, manche versuchen, durch das Glas in der Tür hereinzuschauen oder machen eine Räuberleiter, um eines der unteren Fenster zu erreichen. Vor Kurzem waren zwei junge Urbexerinnen da, die filmten sich dabei, wie sie im Haus die „zweckmäßige" Einrichtung kommentierten. Das hat mich ein bisschen geärgert. Aber als sie den Sonnenhut meines Bahnwärters aufsetzten und damit posierten und lachten, hatten sie meine Sympathie wieder.

Deine Barbara

12. April 2018

Liebe Barbara,

auf unserer Waldwiese haben wir dieses Internet bekommen, sonst kommen die Enkel gar nicht mehr zu Besuch, meinte meine Familie. Wenn die Enkel dann da sind, schauen sie viele Videos auf ihren kleinen Bildschirmen an. Da haben sie auch Dich gesehen und die beiden Frauen, die mit dem Sonnenhut. Du wirst noch berühmt auf Deine alten Tage, meine liebe Freundin! So verloren scheinst Du mir nicht zu sein, um Dich als „Lost Place" zu betiteln.

Deine Catharina

1. September 2019

Liebe Catharina,

ich habe Angst! Es war ein Mann hier, der hat den Arbeitsraum leergeräumt. Nachdem er das Fenster aufgerissen hatte, nahm er die Blaupausen und Pläne und warf sie achtlos in den verwilderten Garten. Die Möbel schob er an die Wand. Ich mag nicht weiter beschreiben, was passierte. Ich bin ein einfältiges Bahnwärterhäuschen, das seit hundertzwölf Jahren den immer gleichen Wald gesehen hat und das Einzige, was sich für mich stetig geändert hat, waren die Züge, die vorbeifuhren. Aber selbst ich weiß, dass es falsch ist, was er getan hat. Catharina, was soll ich nur tun?

Deine Barbara

9. September 2019

Liebe Catharina,

die Schwalben sind schon in den Süden gezogen, ich kann sie nicht bitten, bei Dir vorbeizuschauen. Die ganze Zeit überlege ich, wie ich Dir helfen könnte. Die Brücke ist auch nicht mehr da, sie hätte vielleicht einen Rat gewusst. Du bist die Einzige, mit der ich regelmäßig Kontakt habe. Sonst sind wir stumme Zeitzeugen. Ich hoffe, der Mann kommt nicht wieder. Vielleicht kommt einer der Leute, die „Lost Places" aufsuchen, und kann Hilfe holen?

Halte durch!

Deine Barbara

30. September 2019

Liebe Catharina,

er kam gestern wieder und hat die schrecklichen Dinge getan. Um dann seine Spuren zu verwischen, hat er im Arbeitsraum alles auf einen Haufen geworfen und angezündet. Das Feuer leckte gierig über den Haufen und sprang dann auf den Boden und die alten Wände. Der Mann riss die Augen auf und kletterte aus dem Fenster. Zwischen den Bäumen sah ich ihn noch verschwinden. Nichts hielt das Feuer auf! Es fraß sich vom Erdgeschoss ins Obergeschoss und grell schlugen die Flammen durch meinen Dachstuhl in den Himmel. Ein vorbeifahrender Zug sah die Flammen und schlug Alarm. Die Feuerwehr kam und versuchte den Brand zu löschen. Das Wasser lief durch alle Räume und sammelte sich im Keller, schwarz vor Ruß. Jetzt fehlt mein Dach, Sonne und Regen dringen ungehindert ein und lassen meine Reste von Böden und Mauern schimmeln und zerfallen.

Ich fühle mich so schrecklich verlassen! Es ist aus mit mir.

Deine Barbara

1. Oktober 2019

Liebe Barbara,

mein Bahnwärter hat den roten Schein im Wald gesehen und wir haben die Sirenen der Feuerwehr gehört. Der

Schrecken fuhr mir in die Balken und Erinnerungen an den Donner und den roten Schein jener Kriegsnacht vor vierundsiebzig Jahren war wieder zurück. Dass Du es bist, den das Schicksal getroffen hat, hat meine schlimmsten Befürchtungen wahr werden lassen.

Jetzt bist Du wirklich verloren.

In stiller Anteilnahme

Deine Catharina

Enkelgeschichten: Linkshänder

Harald Metz

Die Familie ist seit Langem wieder mal im Freibad, um dort einen schönen Tag zu verbringen mit Essen und allem sonst noch, was möglich ist. Danach will Dominik sofort wieder ins Wasser und sein Papa meint, dass er noch dreißig Minuten warten müsse, da er gerade gegessen habe.

Dominik: „Echt jetzt? So lange warte ich aber nicht."

Der Papa: „Das war ein Joke, aber fünf Minuten musst du schon warten."

Dominik jedoch steht sofort auf und meint nur: „Ich geh jetzt sofort."

Sein Vater „Wieso?"

„Na, ich bin Linkshänder, die verdauen schneller, und deshalb geh ich jetzt."

Der Vater: „Wie kommst du denn darauf?"

„Wir haben doch letztes Mal gelesen, dass Linkshänder nicht so lange leben, also haben sie weniger Zeit und müssen schneller verdauen. Somit bin ich fertig und geh jetzt ins Wasser."

wie

MAGIE

MONDSCHEIN

und

MÄUSESCHRECK

Magischer Meuchelmord

Bernadette Lang

Der Pfeil steckte tief! Schwarz quoll das Blut aus der Einschussstelle und tropfte auf den Boden.

G war tot! Natürlich gab es schon reichlich Tote im Laufe der Jahrhunderte, angefangen beim einfachen Mord bis hin zum Weltentod. Das war dramatisch, sicher, aber es waren eben nur Einzelschicksale. Hier lag die Sache jedoch anders, denn es handelte sich um einen kollektiven Tod!

Alle großen und kleinen G wurden mit ins Grab gerissen, in allen Büchern, die auf der Welt existieren, historische wie neuzeitliche Bücher, sogar in Lieder- und Notenbüchern! Hinterrücks und heimtückisch wurde hier gemeuchelt. Schwarz, rot, grün, blau und besonders tragisch – golden – tropfte das Tintenblut rund um den Erdball aus den geschriebenen Werken. Die Bücherwelten schrien verzweifelt auf: „Was, wenn es auch andere Buchstaben erwischen würde? Wenn alle sterben müssten und am Ende nur noch Papier übrigbliebe, ausgeblutet und unbeschrieben?"

Roman schreckte hoch. Ein solcher Gedanke war unvorstellbar, er musste handeln! Vielleicht hatte er Glück und würde Gefährten finden? Gemeinsam könnten sie vielleicht das drohende Unheil verhindern.

Um ihn herum jedoch waren weder Gefährten noch Kämpfer oder Helden zu finden, er war alleine, denn sein Buch war das einzige in diesem Regal! Mit einem tiefen Atemzug sprang er hinaus in die Welt der Leser.

Roman sah sich um. Er war in einem Gemach gelandet, damit hatte er gerechnet. Doch nichts deutete darauf hin, dass dies die Stube eines Gelehrten sein könnte, und wer sonst sollte so etwas Wertvolles wie ein Buch sein Eigen nennen?

„Welche Unordnung hier herrscht!", dachte er.

Überall lagen Kleidungsstücke, leere Trinkflaschen und zerkrümeltes Essen herum. Dazu ein ungemachtes Bett und Regale voller Unrat! Das einzig gepflegt wirkende Teil in diesem Raum war eine seltsame Klappe, die auf einem Schreibtisch stand. Sie hatte Buchstaben auf der einen und eine Glasscheibe, die ein geheimnisvolles Licht ausstrahlte, auf der anderen Seite.

Verzweifelt blickte er wieder zu seinem Buch zurück und war beruhigt, wenigstens seinen Namen unversehrt darauf zu lesen: ROMAN. Der Pfeil steckte tief im Rücken des Buches. Durch Mark und Bein war er gegangen! Roman nahm das triefende Buch ganz vorsichtig in die Hände. Die Spitze des Pfeils steckte im Titel: GUTENBERG. Der Anfang des Wortes war verschwunden, ebenso sein Ende.

Wer hatte den Pfeil abgeschossen? Wer war der Mörder? Und warum wurde jedes andere G in den Büchern mit in den Tod gerissen? Roman musste herausfinden, was passiert war! Hatte er eine Chance, den Mörder zu stellen? Wie konnte man diesen Schaden wiedergutmachen? Wer war der Herr dieses seltsamen Gemaches? Fragen über Fragen! Roman beschloss sich zu verstecken und abzuwarten, bis jener Herr nach Hause kommen würde.

Tim schlurfte in sein Zimmer. Eigentlich hätte er jetzt nur noch in seinem Computerspiel versinken wollen, denn es war ein anstrengender Schultag gewesen. Aber aus dem Handy, wie üblich auf laut gestellt, jammerte sein Freund

Balthasar über zerstörte Bücher. Doch Balthasar war Tims bester Freund, also hörte er ihm geduldig zu.

„Das war vielleicht eine Aufregung in der Schule!", erzählte Balthasar. „Als ich heimkam, hatte ich noch Hoffnung, dass es meine Büchersammlung nicht erwischt hatte! Aber es sind alle betroffen! Der Buchstabe G ist verschwunden, richtig gruselig ist das! Wie war das bei dir in der Schule?"

„Na, ich bin ja auf einer Digitalschule, wie du weißt! Alles ohne Papier – und in den Computern funktioniert alles wie immer!"

„So hat es also ausschließlich die gedruckten Bücher erwischt! Irgendetwas Unheimliches muss passiert sein!"

Tim stockte einen Augenblick der Atem. Sollte das etwa mein …? Ach Quatsch, das ist doch nicht möglich! Er ging zum einzigen Buch, das es in seinem Zimmer gab. Doch als er danach greifen wollte, fuhr ihm der Schreck in die Glieder, denn plötzlich stand ein Fremder vor ihm!

„Halte Er ein!", rief der Mann. „Wehe Ihm, wenn Er das Buch auch nur berührt!"

Entsetzt nahm Tim die Hände hoch, denn nun zeigte eine Schwertspitze auf seine Brust!

„Hat Er den Pfeil abgeschossen?"

„S-S-S Sie meinen den im Buch?"

„Hat Er noch mehrere? Wo hat Er die Waffenkammer?"

„Wie bitte?"

„Seine Pfeile, Seinen Bogen, wo bewahrt Er das auf?"

„D-d-draußen im Garten! Ich habe gestern noch ein paar Pfeile auf die Zielscheibe geschossen, nachdem …"

„Ah, Übungen fürs Turnier! Das wäre ja löblich – aber warum hat Er das Buch zerstört?"

Aus dem Smartphone drang Balthasars Stimme: „He, was ist denn los bei dir? Hast du ein neues Computerspiel am Laufen?"

„Nee, ich werde wirklich bedroht! Da ist ein Typ in meinem Zimmer, der sieht aus, als wäre er dem Theater entlaufen. So einer mit Strumpfhose, Hemdchen und einem Hut mit einer riesigen Feder drauf! Vor allem aber hat er ein Schwert, mit dem er auf meine Brust zielt!"

Das Schwert zuckte vor Tim hin und her. „Ich fordere Ihn zum Kampf auf! Hol Er seinen Bogen und vor allem: Entferne Er dieses magische Artefakt!"

„Magisches ...? Ach, der meint mein Handy! Oh Mann Balthasar, der hat echt nicht alle Tassen im Schrank!"

„Bestimmt werde ich mit Ihm nicht über Geschirr in Schränken reden! Ich ..."

„Jetzt aber mal halblang! Wie sind Sie in mein Zimmer gekommen und was wollen Sie von mir?"

„Ich bin aus dem Buch gekommen und ich werde Ihn zum Kampf auffordern! Er hat den Buchstaben G ermordet und Er wird dafür büßen! Hol Er nun endlich seinen Bogen und ..."

In diesem Moment klopfte es. Erleichtert sah Tim seinen Freund vor der Terrassentür stehen.

„Balthasar, bin ich froh, dass du da bist!"

Der seltsame Mann war einen Moment durch das Geschehnis abgelenkt und so konnte Tim schnell die Tür öffnen.

Doch sogleich kam die nächste Drohung: „Ist das Euer Knappe? Dann soll Er die Waffen holen!" Das Schwert zeigte nun in Balthasars Richtung.

Dieser hielt ein Buch in die Höhe. „Entschuldigt, aber ich habe Euch belauscht. Ich glaube, in diesem Buch finden wir einen Anhaltspunkt darüber, was passiert ist, und wie wir den Schaden wiedergutmachen können!" Das Buch, das Balthasar in den Händen hielt, trug den Namen „Zauberei im Laufe der Zeiten".

„Wie konnte Er lauschen? Er kam doch von draußen!"
„Mit dem magischen Artefakt, das wir übrigens Handy nennen."
„Ist Er ein Magier?" Das Schwert wanderte hoch zu Balthasars Hals.
„Nein, ich bin nur ein junger Studiosus, mein Herr. Ich habe mich lediglich ausführlich über die Magie belesen, bin ihrer aber nicht mächtig. Bitte beruhigt Euch und gestattet, dass ich mich vorstelle: Balthasar mein Name. Und Ihr seid wahrhaftig einem Buch entsprungen? Ein Bücherspringer also?"
„Bücherspringer? Dieses Wort ist mir fremd – aber ja, ich konnte aus meinem Buch herausspringen. Gestatten, Roman mein Name, genauer gesagt Historischer Roman!"
„Seid gegrüßt, werter Roman! Dies ist übrigens Tim, mein bester Freund!"

Tim versuchte eine ungelenke Verbeugung und musste sich sehr zusammenreißen, um nicht über diese komische Situation zu lachen.

Roman sah die beiden an und schüttelte seinen Kopf. „Einer, der Bücher mag, einer, der sie zerstört. Schließt das eine Freundschaft nicht zur Gänze aus?"

„Ein schwieriges Thema, gewiss", sagte Balthasar. „Darüber denken wir am besten nicht nach. Vor allem aber drängt die Zeit! Wenn wir den Schaden beheben wollen, dann muss es schnell geschehen, denn die Welt ist bereits in Aufruhr! Es gibt schon die ersten Unruhen und tatsächlich prahlen einige Leute damit, dass sie die Übeltäter seien. Das kann richtig gefährlich werden! Apropos gefährlich, könnten Sie bitte das Schwert senken?"

„Nun gut, junger Herr. Er scheint mir ja recht vernünftig zu sein. Was hat Er für eine Lösung parat?"

„Zuerst brauchen wir ein paar Antworten." Balthasar blickte zu Tim. „Warum hast du in das Buch geschossen? Und weshalb hast du überhaupt ein Buch? Ich dachte, es ist alles digital bei dir!"

„Schon, aber der Deutschlehrer hat sich eingebildet, dass wir uns mindestens einmal mit einem Buch befassen müssen! Und das Schlimmste: Ich sollte es bis Montag lesen! Aber ich hasse diesen Geruch und das Gefühl, wenn ich die Seiten anfassen muss! Wenn es wenigstens ein Hörbuch davon gäbe!"

„Tja, da hast du jetzt natürlich ein Problem! Was genau ist denn passiert?"

„Zornig bin ich geworden! Pfeil und Bogen standen halt zufällig griffbereit …"

„Erzähl uns genau, was in dir vorgegangen ist, als du den Pfeil abgeschossen hast."

„Ich habe gezielt und dann sind mir plötzlich die marulgischen Verse eingefallen, die wir immer beim Rollenspiel benutzen. Ich hab sie richtig gruselig ausgesprochen, das war schon ein Spaß! Die können aber nichts angerichtet haben. Die haben wir doch nur erfunden."

„Ähm, das stimmt nicht so ganz, ich habe einige marulgische Verse aus einem alten Zauberbuch hineingeschummelt, das war zu verlockend. Anscheinend hast du genau diese erwischt. Das hieße dann aber auch, dass du echte Magie betrieben hast!"

„Das wär ja echt crazy!"

„Richtig unheimlich ist das. Wenn das wahr ist, dann müssen wir es unbedingt geheim halten, das gäbe sonst gleich den nächsten Aufruhr in der Welt. Zuerst müssen wir aber den Schaden wiedergutmachen. Über die Gründe, warum das passiert ist, können wir danach spekulieren. Was hast du noch gemacht?"

„Du weißt doch, dass ich gerade an einem Computervirus bastle ... tja, ich hab einfach einige Textzeilen davon mit den marulgischen Versen vermischt! Dazu kam mein Zorn auf dieses blöde Buch." Die Schwertspitze ruckte sofort zurück an Tims Brust! „Oh, Entschuldigung, ich wollte ... ach, ich war halt einfach richtig wütend! Auf das Buch und auf diesen Gutenberg. Und dann war auf einmal alles dunkel um mich herum. Es lag eine Spannung in der Luft wie vor einem heftigen Gewitter. Ich bekam kaum mehr Luft. Das war echt unheimlich! Als dann alles wieder normal war, steckte mein Pfeil tief im Buchrücken und das G hat sich vor meinen Augen aufgelöst."

„Wie konnte es alle anderen einfach so mit in den Tod reißen?"

„Das muss wohl genauso abgelaufen sein wie bei einem echten Computervirus."

„Junge Herren, Ihr sprecht über Dinge, die mir nicht verständlich sind!"

„Oh, natürlich, ich denke, wir sind Euch eine Erklärung schuldig", sagte Balthasar. „So wie ich das sehe, seid Ihr in der Zukunft gelandet – wir schreiben das Jahr 2027!"

„Herrjeh! Wie soll ich denn jemals wieder den Weg zurück finden? Ich glaube nicht, dass ich mit dieser Zeit gut zurechtkomme! Aber schließlich bin ich als Held losgezogen, also werde ich michwohl auch so verhalten müssen. Was hat Er für einen Plan, Balthasar?"

„Meines Erachtens, ist auf irgendeinem Weg, den wir nicht kennen, tatsächlich Zauberei passiert! In dem Buch ‚Magie im Laufe der Zeit' wird immer wieder von einer schwarzen magischen Gedankenbrücke berichtet. Tim, mir scheint, du hast genau eine solche Brücke geschaffen. Wahrscheinlich aus einer Mischung der marulgischen Verse, dem Computervirus und deinem Zorn. Ich sehe nur eine Möglichkeit: Wir müssen die schwarze Brücke eliminieren und dafür eine weiße Gedankenbrücke schaffen, um die Dinge wieder umzukehren. Du musst also zuerst den Pfeil eigenhändig entfernen, dann das Buch reparieren und dich leider dazu noch mit dessen Inhalt beschäftigen. Und das alles mit so viel Liebe, wie dein Zorn vorher groß gewesen ist."

„Ja toll! Und wie soll ich das schaffen, bitteschön? Ich kann weder ein Buch reparieren noch nebenbei lesen, von Liebe und Hingabe zu alledem ganz zu schweigen!"

„Zum einen gibt es doch genügend Filme im Netz übers Buchbinden, zum anderen helfe ich dir natürlich!"

„Und das Lesen kann Er sich auch sparen." Roman lächelte. „Ich kenne den Inhalt meines Buches selbstverständlich auswendig und werde es Ihm nebenher erzählen."

Gesagt, getan! Mit Eifer gingen die drei an die Sache. Roman erzählte, was im Buch geschrieben stand und interessierte sich nebenbei sehr dafür, wie die jungen Herren in ihren „komischen Geräten" Bilder erscheinen ließen, die sie Filme und E-Books zu nennen pflegten. Er staunte immer mehr darüber, dass so viel Wissen an einem einzigen Platz zu finden war.

Balthasar und Tim waren alsbald völlig in der Arbeit des Buchbindens und Reparierens versunken, der restliche Tag und die folgende Nacht vergingen wie im Flug. Bei Sonnenaufgang war der Schaden repariert und die beiden waren eingeschlafen. Tim hielt das Buch fest im Arm und hatte ein glückliches Lächeln im Gesicht. Erst als es in den Handys und im Computer pausenlos summte und klingelte, wachten sie auf und stellten fest, dass tausende Nachrichten durchs Internet geflogen kamen – das G war wieder da! Tim und Balthasar fielen sich in die Arme, froh über ihre Freundschaft und Zusammenarbeit! Doch dann hielten sie erschreckt inne. Wo war Roman?

Er war verschwunden! Tim ging zum Buch, auf dem „GUTENBERG" nun wieder vollständig zu lesen war, und er spürte, wie Tränen schmerzhaft in seine Augen stiegen. „Ich hätte mich so gerne noch von Roman verabschiedet", flüsterte er. Zärtlich strichen seine Finger über das Wort am unteren Ende des Buchrückens: ROMAN. Er nahm sich vor, dieses Buch und noch viele andere von vorne bis hinten selbst zu lesen. So würde er seinem neuen Freund immer nah sein!

„Tim, schau dir das mal an!", riss ihn Balthasar aus seinem Kummer.

Auf der Tastatur des Computers lag Romans Hut mit der großen Feder und auf dem Bildschirm stand folgender Text:

Edle junge Herren,

der Buchstabe G ist wieder erschienen! Die Welt der Bücher ist gerettet! Ihr, meine neuen Freunde, habt es erreicht und einen sehr großen Dienst geleistet mit der Magie der Hingabe und der Liebe. Dafür sei euch der Dank aller Bücherwelten ausgesprochen.

Ich aber habe in diesem magischen Artefakt, das ihr Computer nennt, viele Vettern und Basen gefunden – histori-

sche, aber auch viele andere Roman*innen, natürlich auch Fantasy- und Sciencefiction Roman*innen! (Ich kenne mich schon richtig gut aus in der Zukunft, merkt ihr?) Und das Schönste ist: Alle sind an einem Ort versammelt und nicht über viele Bibliotheken verteilt. Wir haben deshalb beschlossen, ein großes Familienfest zu feiern! Ganz im Vertrauen, ich habe auch eine Base gefunden, die mir sehr am Herzen liegt: eine Liebesromanin!

So werde ich also ein wenig bei meiner neu entdeckten Familie verweilen. Auf dem Rückweg in mein Buch hoffe ich, euch gesund und munter wieder anzutreffen. Bitte lasst mir die Brücke in die Welt der Zukunft offen!

Gehabt euch wohl, meine lieben Freunde

Euer treu ergebener Roman

Mondscheinbrüder

Gertrud Hörr

Neulich bei einem Ausflug passierte es. Wir saßen abends noch gemütlich zusammen bei mehr oder weniger starken Getränken und hatten Freude am Leben. Leider mussten die meisten von uns weiterziehen ins Hotel außerhalb des Ortes. Einige jedoch hatten das Glück, ihre Unterkunft zu Fuß zu erreichen und hatten keine Eile. Sie tranken also sowohl vom köstlichen Wein als auch dem ebenfalls sehr schmackhaften Prosecco so manches Gläschen und sangen die passenden Lieder dazu. Irgendwann jedoch war es auch für die letzten Genießer Zeit, das Bett aufzusuchen.

Das stellte sich als ein etwas schwieriges Unterfangen heraus. Die Damen und Herren wussten wohl, dass der Haupteingang des Hauses verschlossen war und sie deshalb den Schlüssel zum Hintereingang hatten. Das Problem dabei war einzig, den passenden Zugang für den vorhandenen Schlüssel zu finden. So mussten sie an mancher Türe das Schlüsselloch treffen und feststellen, dass Schloss und Schlüssel keine Symbiose miteinander eingingen. Auch wenn sie den ganzen Abend fleißig sangen, dass sie Mondscheinbrüder seien, half ihnen der Himmelsgeselle nicht wirklich weiter, obwohl er schon fast in voller Pracht dort oben stand und ihren Weg beleuchtete.

Irgendwann klappte es und die Türe öffnete sich mit Hilfe des passenden Schlüssels und eines heftigen Tritts, da sie den Hinweis bekommen hatten, die Türe würde klemmen und es sei etwas sanfte Gewalt anzuwenden. Ob die Herbergssuchenden in ihrem Zustand einschätzen konnten, was sanft oder weniger sanft war, wage ich zu bezweifeln, aber egal, sie waren zumindest im Gebäude.

Sie standen jedoch prompt vor der nächsten Herausforderung. Nur über eine steile Treppe erreichten sie ihr Nachtquartier. Die Gattin eines der Herrn war nicht sehr gut zu Fuß und bei einem gewissen Alkoholpegel meinte sie, dieses Hindernis nicht überwinden zu können. Aber auf wahre Freunde ist in der Not stets Verlass. Also legte der Ehemann auf der einen Seite und sein Freund auf der anderen Seite „Hand an" und schoben die Ärmste mit vereinten Kräften die Treppe hoch zum Ziel. Gerne wäre ich dabei gewesen.

Mit der Unterkunft und der restlichen Versorgung waren sie jedoch sehr zufrieden, wie sie immer wieder betonten. An den nächtlichen Problemen war ausschließlich der vorherige Genuss des sehr wohlschmeckenden Weines beziehungsweise Proseccos schuld.

Als sie auf der Heimfahrt ihre Erlebnisse uns Mitreisenden eindrucksvoll schilderten, war es fast, als wären wir gewesen. Auch das schöne Lied der Mondscheinbrüder sangen sie noch so manches Mal, dass ich am nächsten Morgen noch einen Ohrwurm hatte.

Es bewahrheitet sich immer wieder das Sprichwort: „Wenn einer eine Reise tut, dann kann er was erzählen!"

Katz und Maus

Viktoria Raab

Kater Flori fing nie 'ne Maus,
er hatte davor großen Graus,
doch seine Freundin Sissi Beck
die war ein großer Mäuseschreck.
Fast jeden Tag fing sie 'ne Maus
und legte sie dann vor das Haus.
Dies sah der Flori ganz entsetzt,
hat sich laut schreiend dazugesetzt.
So glaubte jeder, das war klar,
dass er der Mäusefänger war.
Doch als mal Flori nicht zu Haus
ging diese Täuschung anders aus.
Die Nachbars Katze kam gerannt,
die tote Maus am Boden fand.
Ein guter Fund auf alle Fälle,
sie fraß ihn gleich an Ort und Stelle.
Doch ließ sie noch ein Stückchen dort,
die Katze war schon lange fort
als Flori wieder heimgekommen.
Kein Ton von Flori wurd' vernommen.
Die Maus war weg, der Rest lag da,
was Flori unverständlich war.
Da packte wieder ihn das Grausen
über Sissis rohes Mausen.
So schlich er schnell und lautlos fort
von diesem fürchterlichen Ort
und nie mehr schrie er vor dem Haus,
der Katzenjammer war nun aus.

wie

NOTIZEN

und

NEULICH

Notizzettel mit Überraschung

Uli Karg

Semesterferien. Leander, Architekturstudent, bemüht sich um eine Aushilfstätigkeit. Ein Plus auf seinem Bankkonto wäre dringend nötig. Die Pandemie hat zahlreiche Gastronomiebetriebe in den Ruin getrieben. Somit hat auch er den Kellnerjob verloren, der ihn über Wasser gehalten hat. Leander ist handwerklich geschickt und hat Glück. Im nächsten Monat kann er bei einer Ladenbaufirma aushelfen. Bis dahin sind noch zwei Wochen Zeit. Das 9-Euro-Ticket ermöglicht ihm günstige Mobilität. Er fährt von seinem Wohnort am Stadtrand von Augsburg mit der Trambahn zum Rathausplatz und frönt seiner Leidenschaft, dem Urban Sketching. Als talentierter Zeichner sitzt er am Augustusbrunnen und füllt das kleine Skizzenbuch mit Szenen von Menschen und Gebäuden. Kolorierte Werke mit wenig Text, das liebt Leander. Noch lieber würde er Eindrücke in anderen Städten und Ländern festhalten. Reisen bei knapper Kasse ist leider gerade nicht möglich.

Eine weitere Leidenschaft führt ihn in die Stadtbücherei. Vom Lesen bekommt er nie genug. Fachbücher sind unerschwinglich teuer, der Jahresbeitrag zur Ausleihe ist dagegen günstig. Er gibt drei Werke zurück und stöbert in der Ecke, wo sich Reiseführer im Regal eng aneinanderdrängen, nach Ländern und Regionen geordnet. Leander reist im Kopf durch die Welt. Wie gerne würde er das auch in Wirklichkeit tun wie die Touristen, die er heute in der Stadt skizziert hat. Ein leiser Seufzer entweicht seinen Lippen.

Magisch angezogen greift seine Hand nach einem Taschenbuch aus der Rubrik Städtereisen.

MARCO POLO – LowBudget Reiseführer Hamburg – Wenig Geld, viel erleben!

Im Norden war er noch nie. Hamburg, die Werften, die Speicherstadt, die See, der Duft der weiten Welt, das wäre eine Reise wert!

Mit diesem Buch und dem neuen Geo-Heft geht er zum Schalter, legt seine Mitgliederkarte vor und verlässt die Bücherei. Auf dem Heimweg kauft er beim Bäcker Brot vom Vortag zum halben Preis und eine Nussschnecke zum Kaffee.

Zuhause bereitet er Espresso in der alten eckigen Kanne zu und nimmt den Reiseführer zur Hand. Leander blättert interessiert durch die Seiten. Dazwischen findet er eine Notiz auf dem Abreißkalenderblatt vom Juni 2022. Darauf steht nur: HAMBURG? Und darunter eine Handynummer. Er wendet das Papier. Nichts. Er liest nochmal. Was soll das? Er legt den Zettel zurück zwischen den Stadtplan.

Die Notiz will ihm nicht aus dem Kopf gehen. Nach dem Abendbrot überlegt er, ob er vielleicht doch diese Nummer anrufen soll. Er befragt Google. Der Teilnehmer ist nicht ausfindig zu machen, Mist. Er ringt mit sich. Schließlich gewinnt seine Neugier die Oberhand und er tippt die Zahlen in die Tastatur seines Smartphones. Gespannt wartet er, ob sich jemand meldet. Wer verbirgt sich hinter dieser Nummer? Mann oder Frau? Fake oder nicht? Lieber auflegen? Nein! Nach dem fünften Klingelzeichen springt der Anrufbeantworter an. Leander vernimmt eine sonore Männerstimme mit der Ansage: „Guten Tag. James, Privatsekretär von Betty Michels. Ich werde meine Chefin über Ihren Anruf in Kenntnis setzen, wenn Sie Namen und Telefonnummer genannt und anschließend fehlerfrei den Refrain von *Wellerman* gesungen haben. Dann können Sie mit einem Rückruf rechnen. Vielen Dank, dass Sie mir ihr Ohr geliehen haben. Beginnen Sie nach dem Signalton."

Leander ist perplex und drückt die Taste zum Beenden des Anrufes. Was soll das! Doch ein Fake?

Er ruft nicht nochmal an.

In den Hamburg-Reiseführer vertieft er sich hingegen mit großem Interesse und liest die Insidertipps über Sehenswürdigkeiten und Unterkünfte. Schade, dass im Sparschwein Ebbe herrscht und die Flut auf sich warten lässt.

Am nächsten Morgen wählt er doch noch einmal die Telefonnummer. Abermals springt der Anrufbeantworter an. Leander hat sich vorher den Song heruntergeladen und macht den Spaß mit. Er nennt Vornamen, Telefonnummer, spielt das Lied an und singt mit.

Ob je ein Rückruf erfolgen wird?

Abends klingelt sein Handy. Er nimmt den Anruf entgegen.

„Hallo Leander. Betty Michels. Störe ich?"

„Nein, gar nicht. Sie gibt es also wirklich."

„Natürlich. Und Sie auch. Interessiert an einer Überraschung?"

„Absolut. Worum geht es denn?"

„Sie haben den Spaß mitgemacht und gesungen. Daher biete ich Ihnen diesen Gutschein an: Drei Übernachtungen mit Frühstück im Lindner Hotel Am Michel mitten in Hamburg. Was sagen Sie jetzt? ... Sind Sie noch da?"

„Ich bin sprachlos. Warum fahren Sie nicht selber?"

„Kann ich nicht. Ich hatte einen schlimmen Trümmerbruch am Bein und werde in den nächsten Wochen und Monaten dazu nicht fähig sein. So einen wertvollen Gewinn kann man doch nicht verfallen lassen. Haben Sie überhaupt Zeit?"

„Ja, und natürlich Lust auf Hamburg und kann mit dem 9-Euro-Ticket mit der Bahn reisen."

„Ich schreibe Ihnen meine Adresse und Sie holen sich die Unterlagen ab, ja?"

„Sehr gerne. Passt es morgen Nachmittag gegen 14 Uhr?"

„Ja, ich kann ja nicht weg."

„Bis dann und ich freue mich."

Neulich bei einer Zugfahrt

Kerstin Jähne

Für meine Tochter war es die erste, für mich eine der spannendsten. Ja tatsächlich, auf dieser Reise habe ich einiges gelernt oder, sagen wir, wiedererinnert. Dank der kleinen Maus!

Dabei begann der Ausflug alles andere als entspannt: Das Auto war noch immer in der Werkstatt und der Zug lediglich die Notlösung.

Aber dann saßen wir drin. Und während ich noch überlegte, ob wir auch wirklich alles dabeihatten und auch einigermaßen pünktlich ankommen würden, guckte die Kleine munter aus dem Fenster und erzählte freudig, was sie sah: Häuser, Kühe und immer wieder Bahnhöfe. Besser Haltepunkte. Aber aus ihrer Sicht erscheint ja alles ein bisschen größer und offensichtlich auch aufregender –, weil sie den richtigen Blickwinkel hat.

Das Kind ist im Hier und Jetzt.

Ich dagegen bin noch nicht wirklich da oder schon eine Stunde weiter bei meinem Termin. Für mich sind die vorbeiziehenden Sommerwiesen nur Farbtupfer, die meine Gedanken begleiten. Die Kleine dagegen sieht die Blumen. Als aufmerksame Beobachterin entgeht ihr nämlich nichts.

„Die Frau hat die Füße oben", stellt sie laut fest. Das Mäd-chen ein Abteil weiter lächelt etwas gezwungen, behält seine Sitzposition aber bei. Nur dass sie jetzt Zeitungspapier unter-legt. Weil ein kleiner Mensch gerade ausgesprochen hat, was er sieht und denkt. Sollte man öfter machen, finde ich. Und als mich meine Tochter vom Sitz gegenüber anlächelt, entdecke ich sie mal wieder ganz neu.

In diesem Moment.

Im Hier und Jetzt.

wie

OMA

OUT SEIN

und

O WEH!

Meine Oma ist UMWELT-SAU-BER

Hannelore Seidel

Meine Oma ist eine Umwelt-SAU …
Nein, so war das nicht! Sie war sauber, anständig, umgänglich.
Sie war UMWELT-SAU-BER.

Meine Oma war ein Umweltengel,
hat nicht erzogen freche Bengel.
Gelehrt hat sie, was wichtig war,
um auch zu fördern, was sie gebar.

Ganz wichtig war die Sittlichkeit,
es gab dadurch nicht so viel Streit.
Benehmen wurde großgeschrieben,
man lernte, auch die anderen zu lieben.

Es war doch eine Selbstverständlichkeit,
dass man war dazu bereit,
den anderen zu respektieren
und seine Meinung zu akzeptieren.

Gekocht wurde jeden Tag frisch,
es gab immer nur das Beste auf dem Tisch.
Gab es Reste, wurden sie verwertet
zu einem Schmaus, den jeder begehrte.

Abfall war für sie ein Fremdwort,
alles fand seinen geeigneten Ort.
Nichts wurde weggeschmissen,
das hätte geplagt nur ihr Gewissen.

Der Biomarkt, das war ihr Garten,
in dem wuchsen alle Arten
von Gemüse bis zu Früchten,
die entstanden durch ihr Züchten.

Pullover wurden von Hand gestrickt
und nicht mit DHL verschickt.
Die Kleidung wurde selbst genäht
und von niemandem verschmäht.

Zu loben war die Handarbeit.
Zu Omas Zeiten waren alle bereit
zu nähen, flicken, sticken und stricken,
um sich dann damit zu schmücken.

Plastik, wozu muss man das denn haben?
Oma packte Gottes Gaben
sorgfältig in Weckgläser ein,
darin hielten sie sich lange frisch und rein.

Wasser verbrauchte sie mit Bedacht,
denn sie hat auch stets an andere gedacht.
Es könnte sonst mal ganz knapp werden
und dies die ganze Welt verderben.

Gesammelt wurde, was vom Himmel floss
und sich in einer Regentonne ergoss,
um in trockenen Zeiten
ihren Garten damit zu bereiten.

Geübt war sie im Laufen,
musste sich kein Auto kaufen.
Denn was man braucht zum Leben,
hat es in ihrem Ort gegeben.

Geschichten hat sie viel erzählt,
stets mit Sorgfalt ausgewählt,
damit wir auch das Denken lernen,
um vorzudringen zu des Wesens Kern.

Ja, ja, so war die Oma.
Da soll mal noch einer sagen: Oma, die Umwelt-SAU!
Sauber – anständig – umgänglich, das war sie!

Out in Rosenheim
oder das Ende der Rosenheim-Cops

Uli Karg, Henrike Straub

Gespenstische Stille herrschte in den Straßen von Rosenheim. Obwohl es ein angenehm trockener Abend war, sah man keine Menschenseele. Nur ein paar Kater prügelten sich fauchend um die Gunst einer rolligen Kätzin. Jo Caspar stand vor seiner Kneipe „Times Square" und rauchte eine Zigarette. Wäre jemand hier gewesen, hätte er die Verzweiflung sehen können, die in sein Gesicht geschrieben war. Da hörte man Schritte, die sich näherten, und um die Ecke kam eine vermummte Gestalt, steuerte direkt auf die Kneipe zu. Jo warf seinen Zigarettenstummel in den Ascher, der an der Außenwand angebracht war, und wendete sich ab. Wer sollte das schon sein?

„Na Jo, wieder nichts los heute Abend?", sprach der Vermummte den Kneipenwirt an. „Ich komm rein. Bei mir war auch nichts los heute!"

„Kein Wunder", brummte Jo, stellte sich hinter seinen Tresen, nahm zwei Biergläser vom Regal und füllte sie mit dem schäumenden Gebräu. Er reichte Bürgermeister Schretzmeier, der eben die Kapuze vom Kopf zog, eines der Gläser mit der Bemerkung: „Wenn außer Ihnen schon sonst niemand mehr kommt, verdien' ich wenigstens mit mir selber was!" Sprach 's, nahm das andere Glas, prostete dem Bürgermeister zu und schüttete sich das Getränk in die Kehle.

Währenddessen saß Anton Stadler, Kriminalhauptkommissar, in seinem Büro im Polizeipräsidium. Er war allein – ziemlich allein. Sein Kollege Christian Lind war schon vor einiger Zeit nach Hamburg gegangen, Sven Hansen würde ebenso bald versetzt werden und Michael, „Michi", Mohr, der immer gut Gelaunte, war zu Marie Hofer gezogen. Nein, nicht was Sie vielleicht denken! Nachdem die Kommissare Prantl und Hartl wieder aus der Rosenheimer Kripo abgezogen worden waren, der Chef, Herr Achtziger, seinen Ruhestand angetreten hatte und Miriam Stockl, die gute Seele, doch noch einen Lebenspartner in einer anderen, nicht so betroffenen Stadt gefunden und gekündigt hatte, gab es auch für Michi nichts mehr zu tun. Zur Verkehrspolizei wollte er aber auch nicht. Also gab er seinen Beruf als Polizist auf und übernahm einen Teil der Arbeit auf Maries Hof. Sie war inzwischen zur Leiterin der Musikakademie ernannt worden. Und irgendwer musste ja die Arbeit auf dem Hof übernehmen. Besser das als gar keinen Job. Auch all die anderen, jüngeren Kommissare und Kollegen hatten längst das Handtuch geschmissen.

Gedankenversunken hockte Kommissar Stadler vor seinem Tisch und blätterte in einem Ordner. Wäre auch hier noch jemand anderes gewesen, hätte er sehen können, dass in diesem Ordner durchaus kein Bericht der KTU war, sondern Reiseprospekte. Ja, Stadler wollte verreisen. Seine Frau, die Hilde, hatte sich eine Kreuzfahrt zum Hochzeitstag gewünscht. Was sollte er noch hier?

Kein „Jawoll" von Michi, kein „Es gabat a Leich" von Stockl, kein „Wenn Sie bitte mitkommen möchten" nach einem erfolgreichen Verhör. Anton Stadler seufzte – auch kein Bericht mehr von Frau Dr. Eckstein oder Gerichtsmedizinerin Sandra Mai und keine Abmahnung der verschiedenen Controller Ortmann, Seitz und Donato. Er gab hier nichts mehr zu „controllen".

In vielen anderen Städten ging es Kollegen ähnlich. Die verschiedenen SOKOs aus Kitzbühel, Wismar, Köln, Stuttgart und München meldeten erschreckend ähnliche Tendenzen. Cobra 11 war aufgelöst worden, Staller ohne Hubert nach Griechenland zu seiner Geliebten ausgewandert, die Polizeistation in Hengasch in der Eifel schon seit Langem geschlossen.

Kriminalhauptkommissarin Marie Brand hatte zum Staatsdienst gewechselt und legte bei der Steuerfahndung eine beispiellose Karriere hin, Wilsberg war nur noch in seinem verstaubten Antiquariat zu finden beim Katalogisieren von Büchern auf Karteikarten, und die Rentnercops genossen endgültig ihren Ruhestand. Der Eberhofer Franz heiratete endlich seine Susi und eröffnete mit ihr einen Stehimbiss mit Leberkässemmeln und Weißwürsten, doch das Geschäft lief schleppend, und die beiden überlegten, ob sie nicht nach Thailand auswandern sollten.

An allen Ecken und Enden mangelte es an Arbeit! Wieder seufzte Kommissar Stadler tief. Das war das Ende: Jeden Tag eine Leiche, jeden Tag ein, manchmal sogar zwei Mörder, die ins Gefängnis kamen. Und das seit endlosen Jahren!

Rosenheim war so gut wie ausgestorben.

Da läutete das Telefon. Stadler hob ab. Am anderen Ende der Leitung war Frau Grasegger von der Anmeldung: „Sie, Herr Stadler, es gabat a Leich!"

„Ohne mich", schmetterte Stadler ins Telefon, legte auf, packte seine Reiseprospekte und verließ Rosenheim auf Nimmerwiedersehen.

Florian, der kleine Mistkäfer

Petra Quaiser

Der kleine Mistkäfer Florian sitzt schlafend auf einem Grashalm und schaukelt selig in der Sonne hin und her. Er träumt und freut sich des Lebens.

Mit einem Male hört er eigenartige Geräusche. Vorsichtig hebt er sein Köpfchen. Er staunt. Was ist das denn? Ganz schnell ist er hellwach. Mit Argusaugen stiert er auf die Bäuerin, die mühselig das Unkraut herauszieht, das unansehnlich zwischen den Wegplatten hervorsprießt.

„Warum tut sie das wohl?", dachte der kleine Kerl, „die ist doch irre! Sie streckt mir hier ihren breiten Hintern entgegen und wippt immer wieder auf und ab, fast wie ich hier auf meinem Grashalm. Nur ich habe Freude daran – und sie? Sie schnauft und japst. Wie dumm doch die Menschen sind. Sie stören sich am Unkraut und produzieren maßlos Müll. Was meinst du, Grashalm, sind die Menschen verrückt oder haben die Tiere keine Ahnung?"

Ach Florian, du schaukelst auf deinem Grashalm, die Bäuerin jätet Unkraut und der Rabe frisst …

… o weh …

Käfer …

… knirsch …

Ende!!

wie

PRAKTIKUM

und

PASSKONTROLLE

Der Praktikant

Gerhard Sagasser

Er war noch einmal auf die Kampenwand gestiegen. Doch halt, nur das letzte Stück. Die Seilbahn hatte ihn hinaufgetragen. Vom Tal aus hinaufgestiegen war Er damals, als es die Seilbahn noch nicht gab, damals, vor mehr als sechzig Jahren.

Jetzt saß Er oben neben dem Gipfelkreuz, sah hinunter auf den See. Sein Blick wanderte über Wasser und Inseln, suchte am Ufer den Gutshof, auf dem Er zwischen zwei Semestern ein Praktikum gemacht hatte. Er fand ihn, schloss die Augen und erinnerte sich.

Ein Nachkriegssommer. Nur wenige Deutsche konnten damals bis nach Italien reisen.

An den Chiemsee zu reisen war für die Sonnenhungrigen aus dem Norden und Westen noch ein großes Erlebnis. Campingwagen oder luxuriöse Wohnmobile sah man kaum, dafür aber unzählige Zelte, in denen meist nur zwei, die sich mochten, eng aneinander gekuschelt die Nächte verbrachten. Die Fremdenzimmer in den Pensionen und Hotels waren ausgebucht.

Am Abend füllten sich die Restaurants, in denen oft getanzt werden konnte. Für junge Burschen vom Land herrschte Hochkonjunktur. Wenn auch sehr viele junge Mädchen noch schön brav mit ihren Eltern die Ferien verbrachten, waren sie doch immerhin da. Man tanzte mit ihnen und wo ein Wille, war auch ein Weg, sich näher kennenzulernen.

Die Wirte sahen es gern, wenn die jungen Burschen vom Gut in Lederhosen, bunten Trachtenhemden, braungebrannt, in die Lokale kamen und auch allein reisenden Damen die Zeit vertrieben. Mit dem Hausmeister im „Arlachhof" hatte Er sich angefreundet. Der vermietete tagsüber Ruderboote, die bei Einbruch der Dunkelheit am Ufer angekettet wurden.

Eines Abends saß Er mit Freunden im „Arlachof" und bemerkte, wie ein älterer Mann eine junge Frau beim Tanz bedrängte und sie sich offensichtlich von ihm abzuwenden versuchte. Als die Musik verstummte, ließ sie ihn abrupt stehen und eilte an ihren Tisch. Bevor der Galan, der ihr folgte, sie erreichen konnte, war Er vor ihr gestanden und bat sie um den nächsten Tanz. Ohne zu zögern stand sie auf, hakte ihren Arm in seinen und im nächsten Augenblick standen sie als erste Tänzer mitten im Saal und warteten auf die Musik.

Erst als sie nun dicht vor ihm stand, wurde ihm bewusst, was für eine hübsche Frau sie war. Eine Frau, kein junges Mädchen, ja eine Frau. Ihm wurde warm ums Herz.

Nach dem Tanz bot Er ihr an, mit zu seinen Freunden an den Tisch zu kommen. „Nur weg von diesem Ekel", flüsterte sie ihm noch zu. Erst mussten noch ein paar Stühle hin- und hergerückt werden, weil auch seine Freunde inzwischen Tänzerinnen gefunden hatten, die bei ihnen Platz nahmen. Aber dann saß sie ganz dicht an seiner Seite. Welch ein Gefühl!

Er wusste nicht mehr, wie oft sie schon getanzt hatten, als sie ihn bat, mit ihr etwas an die frische Luft zu gehen.

Bevor sie das Haus verließen, musste sie schnell nochmal wohin verschwinden. Er stand wartend allein vor der Tür. Der Hausmeister kam heran und wie ein Blitz fuhr ihm eine Idee durch den Kopf.

„Du, ich brauch ein Boot." Ohne zu zögern griff der Hausmeister in seine Hosentasche.

„Da, Nummer 14, aber leise an- und ablegen."

Als sie dann kam, sie, von der Er nicht mehr wusste als ihren Vornamen, nicht ihr Alter, nicht woher sie kam, nur dass Er auf dem besten Wege war, sich in sie zu verlieben, nahm ihre Hand und führte sie zum Boot Nummer 14, das ganz hinten im Dunkeln auf sie wartete.

Schweigend war Er weit hinaus auf den See gerudert. Sie saß ihm zugewandt auf dem hinteren Sitzbrett. Das Mondlicht flackerte auf dem Wasser und die Musik aus dem Tanzlokal wurde leiser und leiser. Er ließ die Ruderblätter ins Wasser sinken, rutschte von seinem Sitzbrett und kniete vor ihr, legte seine Hände an ihre Hüften. Sie beugte sich zu ihm herab, nahm seinen Kopf in beide Hände und küsste ihn.

Mit einem Lachen löste sie dann aber den Knoten, der seine Gehirnwindungen zu erdrücken drohte, ließ seinen Kopf los und bemerkte noch immer leise lächelnd: „Ist eigentlich ein bisschen unbequem auf den harten Holzleisten für so was und vielleicht kippt dann auch noch das Boot um. Komm lass uns eine rauchen."

Während Er ihr das brennende Streichholz an die Zigarette hielt, arbeitete es in seinem Kopf. Vielleicht kippt dann noch das Boot um, hatte sie gesagt. Wonach oder wodurch?

Bisher war ihre Fahrt doch nicht gefährlich. Waren ihr etwa die gleichen Gedanken durch den Kopf gejagt wie ihm? Wie auch immer, sie hatte recht. Für die Verwirklichung solcher Gedanken waren sie nicht am richtigen Ort.

Die Rückfahrt erschien ihm länger als die hinaus. Leise, wie dem Hausmeister versprochen, machte Er das Boot wieder fest und legte den Schlüssel an den vereinbarten Ort.

Im Tanzlokal brannte nur noch das Licht über der Theke. Auf einer Bank, die ganz im Dunkeln stand, umarmten sie sich wieder. Als ihre Hände einander zu erforschen begannen, sagte sie ihm leise ins Ohr: „Morgen", gab ihm noch einen Kuss, stand auf, zog ihn hoch und sagte in einem Ton, in dem man ganz normal zu reden pflegt: „Du hast doch hoffentlich Zeit, vielleicht am Abend, so gegen acht?"

„Ja, natürlich", gab Er zurück. Gedacht hatte Er sich: „Um sechs ist Feierabend. Bis sieben bin ich piekfein geduscht, habe kräftig zu Abend gegessen und bin für alles bereit." Wie berauscht lief Er in seine Unterkunft im Thomahof und schlief beseelt ein.

Am nächsten Morgen stand Er mit allen anderen am Gutshof Beschäftigten vor dem Bürogebäude. Muck, wie sie den Verwalter nannten, teilte die Arbeitsabläufe des Tages ein.

Der Betriebsschreiner meldete sich. Er brauche heute einen Helfer. Er müsse im Bootshaus der Herrschaft Reparaturen vornehmen, die er nicht allein durchführen könne. Muck sah ihn an. „Das könnten Sie doch übernehmen, da könnten Sie auch gleich die Wasserpumpe warten."

Die Wartung des Pumpenhauses war ihm schon in der ersten Woche nach seiner Ankunft auf dem Gut übertragen worden. Es stand am Seeufer unweit des Bootshauses. Die gesamte Wasserversorgung des Betriebes, kurzum alles

Wasser, was Menschen und Tiere brauchten, einschließlich der großen Gärtnerei, wurde von dort hinauf zum Betrieb in ein großes Bassin gepumpt. Leerte sich das bis zu einer bestimmten Marke, sprang die Pumpe, die ihre Tücken hatte, von selbst an. Eine ständige Wartung war unerlässlich.

Max, der Schreiner, war mit ihm einverstanden. Sie kamen immer gut miteinander aus und Er arbeitete gern mal etwas anderes, wobei Er nur lernen konnte.

Sie waren mit den vorgesehenen Arbeiten nicht ganz fertig, als Max zu jammern begann, dass er ausgerechnet heute pünktlich aufhören und nach Chieming fahren müsse.

„Dann mache ich halt alleine fertig, ich muss ja eh noch ins Pumpenhaus", hatte Er Max damals vorgeschlagen.

„Musst mir halt den Schlüssel dalassen und ich gebe ihn dir morgen früh zurück."

Max dachte nach. „Musst aber zuverlässig absperren, du weißt ja, wie eigen die Herrschaft ist, wenn es um ihr Bootshaus geht."

In seinem Kopf überschlugen sich die Gedanken, als Er daran dachte, wie sein für den Abend geplantes Rendezvous verlaufen könnte, wenn Er den Schlüssel über Nacht behalten dürfte. Keine harten Holzleisten würden hier stören, sondern weiche Polstermöbel einladen.

Jetzt bloß keine Fehler machen, nichts anmerken lassen. Max durfte seine Absichten nicht erahnen. Pünktlich um sechs verschwand Max und Er hatte den Schlüssel.

Die Zeit wurde knapp für ihn, aber in einer halben Stunde war alles fertig. Er ließ Pumpenhaus Pumpenhaus sein, rannte hinauf zum Gut, duschte sich, zog sich ordentlich an und ging zum Essen.

Kurz vor acht schlenderte Er suchenden Blicks über die Liegewiese hinter dem Hotel „Arlachhof". Seine erwartungsvolle Erregung erhielt einen leichten Dämpfer, als Er sah, wie sie gerade aus dem See stieg. Noch nie hatte Er sie so unbekleidet gesehen und fand sie aufregend schön. Aber sie hatte nicht auf ihn gewartet. Was hatte Er sich abgetan, um pünktlich zu sein? Sie aber hatte den Tag genossen und nahm sich alle Zeit der Welt. Sie sah ihn, kam aber nicht auf ihn zu, winkte ihm nur und rief: „Ich zieh mich an und gehe dann schnell noch was essen."

Nein, was hatte Er sich da nur eingebildet? Was war Er für sie? Sie, die Madam aus der Großstadt, tändelte mit einem jungen Kerlchen mal eben so zur Unterhaltung.

In fünf Minuten könnte Er im Pumpenhaus sein und die Anlage abschmieren. Wenn es länger dauern sollte, müsste sie eben warten. Hm, warum nicht? Aber nein, Er hatte sich gründlich geduscht. Bei der Arbeit im Pumpenhaus würden seine Hände unweigerlich mit Schmieröl und Fett in Berührung kommen und das könnte ohne Seife und heißem Wasser nicht entfernt werden.

Er hatte sich gerade auf eine Bank gesetzt, als der Hausmeister kam, damit begann, die Sonnenschirme zusammenzuklappen und ihn grinsend fragte: „Brauchst wieder ebbs zum Rudern? Du, mit dera möchat i a amoi aussefahren."

„O mei", gab Er zurück, was Besseres fiel ihm nicht ein. Also hatte der schlaue Fuchs doch mitbekommen, mit wem Er nachts unterwegs war, setzte dann aber schweigend seine Arbeit fort.

Es war schon neun, als sie in Begleitung von drei Hotelgästen lachend aus dem Haus kam.

Was hatte Er mit diesen Leuten zu schaffen? Sie wirkten wohlhabend auf ihn. Ja natürlich, waren sie ja auch. Sie konnten sich acht oder sogar vierzehn Tage Urlaub in einem Strandhotel leisten. Und Er? Um nicht armselig, sondern so daherzukommen, wie es die außerbayerischen Urlauberinnen von den einheimischen Burschen erwarteten, hatte Er sich doch erst neulich die gebrauchte Lederbundhose gekauft und ein Trachtenhemd. Sein ganzes Vermögen, fünfzehn Mark, hatte Er noch in der Tasche und musste bis zum nächsten Zahltag noch vierzehn Tage warten. Er hatte nichts, ja, Er war ein Habenichts.

Doch jetzt kam diese Frau auf ihn zu. Ihre Haare frisch geföhnt, in ein leichtes luftiges Sommerkleid gehüllt und lächelte ihn an.

„Na, hast du schon gewartet? Ach weißt du, wir haben uns bei Tisch gerade so nett unterhalten."

Wer war diese Frau? War das noch die, die ihm in der vergangenen Nacht verheißungsvoll „morgen" ins Ohr geflüstert hatte? Sie hakte ihren Arm in seinen. „So und jetzt bestimmst du, wo 's langgeht."

Wo waren seine kühnen Gedanken und Wünsche der vergangenen Nacht? Ihn hätte der raue kantige Boden im Boot nicht gestört. Jetzt aber kam Er sich ganz klein vor. Diese Frau war reifer als Er mit seinen neunzehn Jahren. Was konnte Er dem Selbstbewusstsein dieser Frau schon entgegensetzen?

Schweigend gingen sie Arm in Arm auf die schon tief am Himmel hängende Sonne zu.

Beinahe unbewusst schlug Er den Weg zum Bootshaus ein. Dort setzten sie sich auf den Anlegesteg nieder und ließen die Beine über dem Wasser baumeln. Sie lehnte ihren Kopf gegen seine Schulter und Er ergriff ihre Hand. Er konnte sich, jetzt auf der Kampenwand sitzend, nicht mehr erinnern, wie lange sie damals so dasaßen.

Das Gebirge erschien nur noch als dunkle Wand. Die Sonne war dahinter verschwunden und nur der Himmel leuchtete rot.

„Ich hätte mir eine Jacke mitnehmen sollen, es wird auf einmal doch etwas kühl, findest du nicht?" „Ja", erwiderte Er, „wir müssen aber nicht frieren." Mit dem Gefühl, einen Goldschatz herauszuziehen, zog Er den Schlüssel aus der Hosentasche und hielt ihn ihr vors Gesicht.

„Hallo, du bist mir vielleicht einer, lässt mich einfach hier draußen frieren." Sie waren aufgestanden und ins Bootshaus gegangen. Erstaunt sah sie sich darin um, nachdem sie das Licht angeknipst hatte.

„Das lassen wir lieber, das Mondlicht muss uns genügen", stoppte Er ihre neugierige Wanderung durch das Haus. Sicherheitshalber schloss Er die Eingangstür noch von innen ab.

Ein bisschen bange war ihm schon. Auf keinen Fall durfte ihn jemand im Bootshaus mit einer Frau entdecken.

Im schwachen Dämmerlicht umarmte sie ihn plötzlich: „Bist doch ein lieber Junge."

Ihr Kuss, der erste an diesem Abend, ließ seine Wünsche der vergangenen Nacht wieder aufblühen.

Vorsichtig, so als könnte sie es nicht bemerken, hakte Er ihr Kleid im Nacken auf und zog ganz behutsam den Reißverschluss hinunter.

Der Morgen dämmerte schon als sie ihn weckte.
„Komm, gehen wir schwimmen."
Sie hatte ihn aus tiefem Schlaf geholt. Er versuchte, sich an ihren warmen Körper zu kuscheln, aber es half nichts. Er hatte erfüllt, was von ihm erwartet worden war.
Sie stand auf und ging hinaus, wie eben von Gott geschaffen. Da blieb ihm nichts anderes übrig, als ihr zu folgen. Sie schwammen ein Stück. Über dem Wasser schwebten zarte Dunstwölkchen. Als sie keinen Boden mehr unter den Füßen fanden, wurde es mit strampelnden Beinen schwer, sich zu umarmen. Sie schwamm ihm voraus zurück zum Bootshaus.
Er erschrak. „Halt", schrie Er, „warte, geh nicht so rein!" Auf keinen Fall durften sie jetzt so nass, wie sie waren, Spuren im Haus hinterlassen, die Max um halb acht entdecken könnte.
Leicht zitternd blieb sie folgsam auf dem Anlegesteg stehen. Er kletterte ihr nach, wischte sich mit den Händen das Wasser von den Fußsohlen und ging auf Zehenspitzen ins Haus. Im Duschraum fand Er eine dunkle Fußmatte und ein Handtuch, an dem die Handwerker sich schon am Vortag die Hände abgewischt hatten. Das musste genügen. Als auch ihre Fußsohlen trocken waren, ließ Er sie eintreten und rieb ihren ganzen Körper mit dem alten Handtuch trocken. Er musste nass in seine Kleidung schlüpfen.
Nachdem sie alles, was zerwühlt, wieder geordnet hatten, legten sie sich, sie jetzt in ihrem dünnen Sommerkleid, nebeneinander auf den Anlegesteg und empfingen die ersten warmen Strahlen der aufgehenden Sonne.

Um sieben musste Er wie täglich wieder zur Arbeitsverteilung vor dem Büro stehen, sich aber vorher noch umziehen und frühstücken. Sein Engel der Nacht konnte nicht schon um sechs im Hotel ankommen. Was würden die Leute sagen?
So dachte Er jedenfalls. Als Er darüber zu sprechen begann, lachte sie laut: „Mein Gott, Junge! Du gehst jetzt zur Arbeit, ich ins Hotel und heute Abend sehen wir uns."
Wieder war Er der junge, dumme Bub und sie die erwachsene, ihm überlegene reife Frau.
Am folgenden Abend blieb ihnen das Bootshaus verschlossen. Max hatte in der Früh noch einmal nachgesehen, ob alles ordnungsgemäß beendet war, und den Schlüssel zur Gutsbesitzerin gebracht.
Aber musste es denn ein komfortables Bootshaus sein, um schöne Stunden zu erleben? Zielstrebig führte Er seine Liebste am nächsten Abend an Viehkoppeln vorbei, dem angrenzenden Wald zu. Am Waldrand stand eine Feldscheune.
„Wo führst du mich denn jetzt hin?", fragte sie, wohl eher erheitert als besorgt.
„Gleich sind wir am Ziel."
Knarrend ließ sich das unverschlossene Scheunentor öffnen. Vor einer Woche war dort das erste frische Heu eingelagert worden und der intensive Geruch geradezu betäubend.
„Was ein Duft!", stellte die Großstädterin fest und atmete tief ein.
Als Er wieder nach dem Reißverschluss ihres Kleides griff, wehrte sie ab. „Nein, lass mal." Sie selbst entledigte sich ihres Kleides und breitete es sorgfältig über dem Heu aus.

„Was glaubst du, wie meine Haare aussehen, wenn ich mich hier einfach so hinlege?", sagte sie noch und legte sich vorsichtig nieder – nur um ihre Haare besorgt.

„So was habe ich noch nie erlebt", sagte sie vor sich hin, als sie wieder ihrem Hotel zustrebten. „Was, so was?" „Na ja, im Heu, die Luft, die ganze Atmosphäre."

„Und ich?", hatte Er zu fragen gewagt.

Sie lachte: „Natürlich auch du, Dummerle, auch du warst wunderbar."

Ein Stück Weges vor dem Hotel begannen sie, sich zu verabschieden. „Bis morgen Abend?", hatte Er gefragt.

„Du, ich weiß noch nicht. Es kann sein, dass mich Bekannte besuchen kommen, ja, und da werde ich schlecht wegkönnen", eröffnete sie ihm.

„Ich kann ja mal vorbeischauen", wandte Er ein. „Hm, verschieb es doch einfach auf übermorgen und mach mal einen freien Abend. Tut dir bestimmt auch gut", hatte sie noch versucht, ihn in scherzhaftem Ton zu trösten.

Was sollte Er davon halten? Rechte hatte Er keine an ihr. Blieb ihm etwas anderes übrig, als sich zu fügen?

In der folgenden Nacht schlief Er nicht besonders gut.

Als der nächste Abend kam, wurde Er unruhig. Wer waren denn diese Bekannten, die seinen Wünschen im Wege standen? Als es draußen schon dunkel wurde, schlich Er an das Hotel und suchte durchs Fenster im hell erleuchteten Speisesaal und im Clubraum nach ihr.

Er fand sie nicht. Enttäuscht suchte Er den Hausmeister. Was der ihm zu berichten wusste, konnte und wollte Er nicht glauben.

„Die is jo nimmer do, die sand scho am Nachmittag fort", sagte er lässig daher.

„Wer die?", konnte Er gerade noch herausbringen.

„Mit ehram Mo, der hot s' ja am letzten Sonntag dalassen und is allonig geschäftlich auf Österreich umi."

Alles drehte sich um ihn. Tief in der Seele aufgewühlt, ja verletzt, aber um eine Lebenserfahrung reicher, hatte Er mit der Kraft der Jugend seinen Lebenslauf fortgesetzt.

Noch ohne EU

Gerhard Sagasser

Zufällige Namensgleichheit wurde zwei Indern zum Verhängnis

Sicher hatten die beiden 24- und 23-jährigen Inder schon erleichtert aufgeatmet, als sie die deutschen Zoll- und Passkontrollbeamten, von denen sie während der Bahnfahrt zwischen Linz und Passau kontrolliert worden waren, aus dem Zug steigen sahen. Endlich hatten sie die letzte Grenze ihrer langen Reise hinter sich und waren am Ziel – in Deutschland.

Alles schien sich nun doch gelohnt zu haben: der weite Weg von ihrem Heimatort Laharanwali nach Chandigarh (was so viel bedeutet, als müsste sich unsereiner seinen Pass in München holen), die Warterei auf die vielen Durchreisevisa, die Kosten für die Flugtickets nach Kabul in Afghanistan und endlich die lange anstrengende Reise durch die Düfte des Orients und des Balkans.

Aber dann, als der Aufsichtsbeamte mit seiner roten Mütze dem „Johann Strauß" gerade das Zeichen zur Weiterfahrt geben wollte, passierte es: Ein Beamter der Grenzpolizei kam herangelaufen und eilte noch einmal in das Zugabteil zu den beiden Globetrottern.

„Gem S' ma bittschön no amoi ihr'n Pass, hand me your passport, please", forderte er außer Atem die Reisenden auf. Nach einem kurzen Blick in die Dokumente befahl er: „Nemans ihr Gepäck und gengans mit, take your luggage and follow me, aber a wengerl schnell, sonst muaß i zwengs eahna no auf Regensburg mitfahrn."

Mit der fernöstlichen Völkern eigenen Gelassenheit nahmen die so angesprochenen ihre Habseligkeiten auf, stiegen aus dem Zug und folgten dem Beamten zur Station. Es war derselbe Beamte, der ihnen vorher noch eine angenehme Reise gewünscht hatte.

Was die beiden Inder nicht wissen konnten, war, dass der Grenzpolizeibeamte ihre Namen notiert und vom Bahnsteig aus in den Fahndungscomputer eingegeben hatte. Im Computer waren ihre Namen und Geburtsdaten mit dem Vermerk „Festnahme und Aufenthaltsverbot" gespeichert. Sie schie-nen wegen Körperverletzung und anderer Delikte in der Bun-desrepublik unangenehm aufgefallen zu sein.

Jetzt war es mit der Gelassenheit der jungen Inder vorbei. Energisch beteuerten sie, noch niemals in Deutschland gewesen zu sein und wären auf keinen Fall die Gesuchten. Das konnte die Grenzpolizei natürlich nicht gelten lassen. Weil aber reiselustige Inder nicht unschuldig hinter „schwedische Gardinen" geschickt werden durften, nahm man den Männern Fingerabdrücke ab und schickte die per Telebild zum Bundeskriminalamt.

Bevor von dort das Auswertungsergebnis kam, befassten sich die Grenzpolizeibeamten und ihre Kollegen vom Zoll mit dem Gepäck der Verdächtigen. Unter allerlei fremdländischen Utensilien entdeckten sie dabei eine pechschwarze Masse, linsengroße Körner und feine Sämereien. Im Zollamt auf dem Bahnhof wurden diese Stoffe einem Test unterzogen und zweifelsfrei als 100 Gramm Opium, 50 Gramm Cannabis-Samen und 20 Gramm Haschisch identifiziert.

Nun nützte es den beiden nichts mehr, als aus Wiesbaden mitgeteilt wurde, dass sie den Fingerabdrücken nach nicht die gesuchten Personen sein konnten. Trotzdem wurden sie nun wegen der mitgeführten Rauschgifte vom Zoll endgültig festgenommen. Dass vor allem die Geburtsdaten der Inder mit denen ihrer in Deutschland straffällig gewordenen Landsleute überein-stimmten, lag wohl daran, dass es Länder gibt, in denen viele Menschen nicht wissen, wann sie geboren sind, sie haben auch keine Geburtsurkunden. Wird es dann für den inter-nationalen Reiseverkehr einmal notwendig, einen Pass zu besitzen, in dem auch ein Geburtsdatum eingetragen sein muss, „verpasst" ihnen die Passbehörde des Heimatlandes einen Geburtstag und geht dabei sorglos um. Sehr oft wird einfach der erste Januar eingetragen und das Geburtsjahr wird dem scheinbaren Alter der Person angepasst.

wie

QUELLE

QR-CODE

und

QUOTENREGELUNG

Zur Quelle

Manfred Hahn

Mein Patenonkel schenkte mir Gleitschuhe zum zehnten Geburtstag. Diese wurden unter festes Schuhwerk geschnallt und bestanden aus einer circa vier Zentimeter breiten Laufschiene aus Metall. Das funktionierte auf Eis, aber auch auf festgefahrenem Schnee.

Es war ein sehr strenger Winter mit viel Schnee und zugefrorenem Fluss. Ich interessierte mich damals sehr für die Reisen der großen Entdecker und verschlang jedes erreichbare Buch zu diesem Thema. An einem klaren, kalten Tag wollte ich nun meine eigene Forschungsreise starten. Die unbekannten Quellen des Nils waren unerreichbar für mich, aber den Ursprung unseres Flusses hatte ich bis dahin noch nie gesehen.

Die Quelle lag ungefähr fünf Kilometer vom Dorf entfernt in östlicher Richtung und wartete auf meine Erkundung. Die Expeditionsausrüstung bestand aus einem kleinen Rucksack mit Proviant, meinem Taschenmesser und den besagten Gleitschuhen.

An der Brücke im Dorf stieg ich in das Flussbett und bewegte mich auf dem Eis flussaufwärts. Mein Weg führte mich in ein Wiesental, das an beiden Seiten von Wald begrenzt war. Anfangs kam ich gut voran, aber je schmaler das Flussbett wurde, umso öfter musste ich es an Stromschnellen verlassen und diese durch tiefen Schnee umgehen. Außer Tierspuren trug der Schnee nur meine Fußabdrücke und so entstand schnell der Eindruck, der erste Mensch zu sein, der diesen Weg geht.

Noch heute kann ich die Stille dieses Tages spüren. Nur meine eigenen Geräusche und die Glocke der Dorfkirche waren zu hören. Mit dem Taschenmesser ritzte ich meinen Namen und das Datum in die Rinde eines Baumes. Ein Forscher muss Spuren hinterlassen.

Schlussendlich verlor sich ein schmales Rinnsal in einem tief verschneiten Schilfgürtel.

Die letzten Meter bin ich nicht mehr gegangen und die Mündung kann warten.

QR-Märchen

Henrike Straub

Es war einmal eine kleine Geschichte. Die war so scheu und schüchtern, dass sie sich nicht traute, sich als Buchstaben, geschriebene Wörter und Sätze den Menschen zu zeigen.

Doch trotz ihrer Schüchternheit hatte sie gute Freunde und war bei ihresgleichen sehr beliebt. Immer wieder wollten die Freunde sie überreden, sich doch einmal niederschreiben zu lassen.

„Ich trau mich nicht! Wer weiß, ob die Leute mich mögen?"

„Aber nicht doch", erwiderten die Freunde, „du bist so hübsch und niedlich, alle mögen dich! Warum nicht auch Leser?"

Da hatte ein guter Freund eine grandiose Idee: „Es gibt doch diese seltsamen Bilder, die nur aus Punkten bestehen. Trotzdem sind es eigentlich Wörter, Sätze und andere lesbare Zeichen. Willst du das nicht einmal versuchen?" Und sofort hatte der Freund auch ein Bild parat und zeigte es der kleinen Geschichte.

Erst zögerte sie noch ein bisschen und ließ sich weitere dieser seltsamen Bilder zeigen, doch von Mal zu Mal gefiel ihr diese Idee besser.

„Wie heißen denn diese Bilder?", wollte sie wissen.

„Das nennt man QR-Code", klärte der Freund auf. „Das findet man jetzt überall – in Zeitungen, auf Anzeigen, auf Flyern …"

Nach einigem Überlegen war die kleine Geschichte bereit, sich so der Öffentlichkeit zu zeigen. Sie gefiel sich selbst so gut, dass sie daran dachte, alle Möglichkeiten mit diesen Bildern auszuprobieren. Und da gibt es eine Menge Möglichkeiten.

Und wenn sie nicht im Papierabfall gelandet ist, so lebt sie munter weiter.

Quotenregelung

Alfred Bäurle

Quote bei der Bundeswehr
Quote auch beim Frisör
Quote im Amte der Finanzen
Quote bei allen Instanzen
Quote auch in den Fraktionen
Quote bei Agenten und Spionen

Quote bei den Generälen
Quote bei den Kardinälen
Quote bei den Schornsteinfegern
Quote bei den Kirchenpflegern
Quote in den Aufsichtsräten
Quote bei Gemeinderäten

Quote bei den Kreativen
Quote bei den Inaktiven
Quote bei der Eisenbahn
Quote auch im Vatikan
Quote bei Dichtern und Poeten
Quote bei Banausen und Ästheten

Quote auch bei Dirigenten
Quote bei den Renitenten
Quote bei Ärzten und Chirurgen
Quote bei Pfarrern und Liturgen
Quote bei den Moderatoren
Quote bei den Diktatoren

Quote macht die Welt noch schlechter
Quote macht sie nicht gerechter

wie

RABENWEISHEIT

und

REHBOCK

Von den Tieren des Waldes
In gehobener Position

Johann Enderle

Ein Rabe saß auf dem Ast einer alten Eiche und schaute gelangweilt in den Tag. Da kam ein zweiter Rabe angeflogen, setzte sich neben ihn und fragte: „Was machst du denn da?"

„Ich sitze hier dumm rum und gucke blöd", sagte der andere.

„Dumm rumsitzen und blöd gucken, das ist cool", entschied der zweite Rabe und machte es sich auf dem Ast gemütlich.

Nach einer Weile kam ein Hase angehoppelt, schaute zu den beiden Vögeln hoch und fragte: „Was macht ihr denn da oben?"

Sie antworteten: „Dumm rumsitzen und blöd gucken!"

„Okay, das klingt spannend!", entgegnete der Hase. „Das probiere ich auch mal aus!" Und er setzte sich neben die Eiche.

Dann kam ein Fuchs aus dem Wald, schaute den Hasen an und zu den beiden Raben hinauf und fragte erstaunt: „Was geht hier denn vor?"

„Du wirst es nicht glauben", antwortete der Hase, „ich kannte das vorher auch nicht, aber wir sitzen hier dumm rum und gucken blöd!"

„Ja dann", rief der Fuchs, „wenn das alle machen, mach ich das auch!" Und auch er setzte sich neben die Eiche.

Da kam ein Jäger des Weges. Er schaute ein paar Sekunden, nahm sein Gewehr, erschoss den Fuchs und den Hasen, sammelte sie ein und ging nach Hause.

Da sagte der eine Rabe zu dem anderen: „Siehst du, dumm rumsitzen und blöd gucken funktioniert nur in einer gehobenen Position!"

Mein bester Bock

Manfred Wiedemann

Mein Freund und Jagdherr fragte mich, ob ich einen Dachs schießen wolle. Ich hatte noch nie einen Dachs geschossen und freute mich sehr darüber. Martin wies mir also eine Leiter in der Nähe des Baues an und meinte, hier müsse mit großer Wahrscheinlichkeit ein Grimmbart zu haben sein.

Ich will es kurz machen: Der Dachs kam nicht. Die Ansitzleiter war nicht weit vom Waldrand aufgestellt und vor der Leiter ging es ziemlich steil bergab. Ich saß dort sicher eine Stunde, es tat sich außer ein paar Singvögeln, die hier nach Futter suchten, gar nichts. Aber sie vertrieben mir die Zeit mit ihrem eifrigen Suchen ganz angenehm.

Plötzlich aber sah ich etwas Rotes – ein Reh. Es war durch dichten Unterwuchs nicht festzustellen, ob es ein Bock, eine Geiß oder ein Schmalreh war. Dem Verhalten nach war es wohl ein Bock und zwar kein junger. Aber es war einfach nicht festzustellen, worum es sich handelte. Ich konnte das Reh nicht ansprechen. Es befand sich nur ungefähr zwanzig Schritte von mir entfernt, bewegte sich aber kaum. Endlich sah ich das Haupt des Tieres. Ein Gehörn, wie es sich ein Jäger nur wünschen kann. Kurz, es war ein starker alter „Herr", gut geperlt, mit dicken Stangen und gut eineinhalb Lauscher hoch. Das Jagdfieber beutelte mich, an einen Schuss war nicht zu denken, weil der Bock einfach nicht frei stand. Endlich kam Bewegung in die Sache. Der Bock sprang mit ein paar Sätzen den steilen Abhang hinunter und blieb auf dem Weg am Waldrand stehen. Nicht mehr als dreißig Meter von mir entfernt stand er wie angewurzelt. Aber er war wieder durch hohen Bewuchs verdeckt.

Ich fürchtete, dass er weiterziehen würde und dann für mich nicht mehr erreichbar wäre. Ein Entschluss war schnell gefasst: Ich würde ihn anpirschen so lautlos wie irgendwie möglich. Unendlich langsam schlich ich den Steilhang hinab, immer hoffend, dass der Bock mich nicht bemerkte. Er tat mir den Gefallen und war nicht abgesprungen. Nun stand ich auf dem Weg, der Bock zehn Meter vor mir. Das hatte geklappt, der Schuss sollte nur noch zum glücklichen Abschluss führen. Ich legte also an und einer alten Gewohnheit folgend, stach ich den Repetierer ein. Diesen Klick aber hatte mein Traumbock gehört und sprang ab, bevor ich den Schuss anbringen konnte.

Ich habe in meinem langen Jägerleben viele Böcke geschossen, auch recht gute.

Aber der Beste sollte mir nicht vergönnt sein.

wie

SEEFAHRT

und

SCHNAPS

Mess-Stuart bei rauer See

Harald Metz

In Rotterdam wurden in den Frachtraum des Schiffes unter anderem Kleinlaster der Marke Henschel Matador, nur mit Kabinenaufbau, sowie Rohre geladen. Dazu Stahl-Brückenträger als Deckslast. Zum Schutz gegen das Salzwasser waren die Stahlträger mit oranger Farbe, der damals üblichen Bleimennige, eingelassen worden. Bei dieser Beladung des Schiffes tauchte wieder das gleiche Problem auf wie schon auf der M.S. Jason: Ich musste zur Mannschaftsmesse von mittschiffs über die eiserne Außentreppe eine Etage höher und dann über die als „Weg" ausgelegte Gangway nach achtern zum Popdeck, dann wieder eine Etage tiefer aufs normale Achterdeck. Das war bei ruhiger See schon ein Balanceakt, doch bei stürmischer See wurde es zu einer echten Herausforderung, und so kam, was kommen musste: Ich trat, bewaffnet mit drei Tellern auf meinem rechten Arm, diesen „Hürdenlauf" an und schaffte es, die Balance bis zum Popdeck zu halten.

Als ich jedoch die Treppe vom Popdeck hinunter zum Achterdeck wollte, tauchte das Schiff in der rauen See nach vorne zum Bug hin weg und die Treppe war nun auf einmal doppelt so steil. Prompt ging es aufgrund des schmierigen Salzbelages auf der Treppe für mich schneller abwärts, als ich es eigentlich vorhatte, und ich saß nach dieser schmerzhaften „Heckerfahrung" mit meinem Hintern auf dem Achterdeck.

Man mochte es nicht für möglich halten, trotz dieser Rutschpartie hatte nur mein Hinterteil etwas abbekommen. Die Teller jedoch hatte ich dabei trotzdem so ausbalanciert, dass weder ein Teller noch einer der Inhalte davon abhandengekommen waren.

Nun, im Laufe der Zeit brachte ich das Ganze zur Perfektion und hatte bei ruhiger See vier und bei rauer See drei Teller mit Abdeckung auf meinem rechten Arm.

Schnapsideen

Viktoria Raab

Schnapsideen sind spontane Einfälle, die entweder gut oder nicht so gut sind. Wer mit Schnaps seine Einfälle begießt, neigt dazu, wackelige Sachen zu machen, denn Schnaps legt bekanntlich schwere Nebel ins Gehirn. Doch bei mäßigem Genuss weckt er Fröhlichkeit und Freude. Aber Freude und Fröhlichkeit in geselliger Runde gelingen auch ohne Schnaps. Wer gerne singt, ist sicher auch ein fröhlicher Mensch und animiert seine Mitmenschen dazu, den Alltag leichter zu nehmen. Oft geben auch nette Witze in Verbindung mit Schnaps, bei Gelegenheit erzählt, Anlass zu hellem Lachen und es ist bekannt, dass Schnaps durchaus gesundheitsfördernd ist.

In der Schule fürs Leben wird die Wirkung des Schnapses so erklärt:

Ein Lehrer stellt zwei Trinkgläser auf den Tisch. Ein Glas ist mit Wasser gefüllt und das andere mit Schnaps. In das Glas mit Wasser lässt er einen Wurm gleiten, der vergnügt Schwimmzüge macht. Dann lässt er auch in den Schnaps einen Wurm hinein, der sofort tot zu Boden sinkt.

Da fragt der Lehrer seine Schüler: „Was seht ihr nun daraus?"

Ein Schüler meldet sich und sagt: „Ich sehe daraus, wer Schnaps trinkt hat keine Würmer."

Auch gut.

wie

TÖCHTER

THERAPIE

und

TEEGENUSS

Vater handelt verfassungswidrig

Gerhard Sagasser

Niemals hätte er, der auf die Verfassung vereidigte Beamte, sich vorstellen können, seinen Schwur einmal zu brechen. Aber dann missachtete er die Verfassung und verbot seiner Tochter, in die Schule zu gehen.

Er war erst spät vom Nachtdienst heimgekommen und schlief noch fest, als ihn laute und aufgeregte Stimmen seiner Frau und Kinder weckten.

Dann flog die Schlafzimmertür geradezu auf und seine Frau rief: „Jetzt schau dir doch das bloß mal an!" Neben ihr stand Tochter Brigitte mit Tränen in den Augen.

Ihr Vater wiederum wollte seinen Augen nicht trauen. Der Anblick seiner Tochter, die er zuletzt mit langen blonden Haaren gesehen hatte, riss ihn jetzt endgültig aus dem Schlaf.

„Wie ist denn das passiert?", rief er erschreckt. Wie ein aufgeblasener Truthahn, so nannte er es später, stand Brigitte mit großen krausen, feuerroten Locken neben ihrer Mutti.

Hinter ihnen stand die ältere Christl und nuschelte etwas so wie: „Das kann man doch wieder wegmachen."

Was war geschehen? Brigitte hatte befürchtet, dass ihr Haupthaar so wie bei ihrer älteren Schwester langsam dunkler werden könne. Christl schlug ihr vor, dagegen etwas zu unternehmen.

Ohne das mit ihrer Mutti besprochen zu haben, kauften die auf ihre Schönheit bedachten Schwestern im Supermarkt ein Haarfärbemittel, das Brigittes blondes Haar noch mehr aufhellen sollte.

Als sie heimkamen, war Mutti gerade nicht zu Hause. Christl rührte das Haarfärbemittel in einer Schüssel an und Brigitte hielt ihren Kopf darüber. Christl ließ es nicht damit bewenden, die färbende Brühe kräftig in Brigittes Haare zu bringen, sondern fügte noch ein anderes Mittel hinzu, nahm anschließend zwanzig von Muttis Lockenwicklern und drehte die noch nassen Haare ein. Dabei wuchs Christl über sich hinaus. In ihrem Eifer, jetzt die perfekte Friseuse zu sein, setzte sie Brigitte auch noch unter die elektrisch beheizte Trockenhaube. Die brummte noch leise, als Mutti heimkam und überrascht ihre Töchter fragte: „Was macht ihr denn da?"

„Ich hab' ihr mal die Haare gewaschen", gab Christl keck zurück. Brigitte hatte unter der Haube sitzend ihre Worte nicht verstanden. Als sie schließlich ihren Kopf wieder sehen ließ, hielt sich Mutti vor Schreck die Hand vor den Mund. „Was habt ihr denn da gemacht?"

So schnell sie konnte, befreite Mutti Brigitte von den Lockenwicklern. „Was habt ihr denn da alles in die Haare geschmiert?"

„Nur etwas, damit die Haare hell bleiben und etwas lockig werden", gestand Christl, jetzt schon recht kleinlaut geworden.

Mutti nahm einen Kamm und versuchte, Brigittes Haare wieder in die gewohnte Form zu ziehen, aber es nützte nichts. Wie aus Draht blieben sie in zwanzig Röllchen auf Brigittes Kopf stehen.

„Da bin ich mal gespannt, wie das morgen früh aussieht. Wo habt ihr denn die Tuben von den Haarfärbemitteln?", wollte Mutti schließlich wissen.

Christl holte die Tuben aus dem Abfalleimer und Mutti begann zu lesen, was darauf geschrieben war.

„Das kann ja noch heiter werden", klagte sie. „Morgen früh müssen wir zeitiger aufstehen und versuchen, das Zeug wieder auszuwaschen."

Als der Vater vom Nachtdienst gekommen war, hatten seine Lieben geschlafen und er hatte sie nicht gestört.

Jetzt aber hatten sie ihn aus dem Schlaf gerissen. „So geht sie mir nicht in die Schule", entschied er in sehr scharfem Ton.

„Aber ich muss doch", begann Brigitte zu jammern, „wir machen doch am Montag den Schulausflug in den Tiergarten."

„Du bleibst zu Hause!", bestimmte Vater noch einmal streng.

Christl, sich wohl ihrer Mitschuld an der ganzen Geschichte bewusst, mahnte ihren Vater: „Aber Vati, wir haben doch Schulpflicht in Bayern. Eltern, die ihre Kinder nicht in die Schule schicken, werden bestraft, hat unser Rektor mal gesagt."

„Brigitte ist krank und bleibt zu Hause. Was glaubt ihr denn, was in der Schule los ist, wenn sie mit diesem Kopf ankommt?"

Das Wort „Mobbing" gebrauchte man damals noch nicht. Was es bedeutete, war aber das, wie er meinte, was Brigitte zu erwarten hätte, wäre sie mit ihrem geradezu verunstalteten Kopf in die Schule gekommen.

Vater schrieb eine Krankmeldung und Brigitte war von Freitag bis Dienstag zu Hause.

Um ihren Klassenkameradinnen und der Lehrerin auch nicht zufällig zu begegnen, erhielt Brigitte Hausarrest und Mutti brachte sie erst am Montag, während alle anderen den

Schulausflug machten, zu einer Friseurin, die ihre Haare wieder in Ordnung bringen konnte.

Seit dieser Zeit behielt Brigitte ihre langen blonden Haare und Christl, deren Haare langsam dunkler geworden waren, wehrte sich niemals dagegen.

Und Vater? Er hat sich nie vor dem Verfassungsgericht verantworten müssen.

Meinen Töchtern ins Kochbuch geschrieben

Gerhard Sagasser

Die Liebe, hört man die Leute sagen,
ginge beim Manne durch den Magen.

Da ist schon etwas Wahres dran!
Die gute Küche lässt den Mann
in anderen und Liebesdingen
bei Tag und Nacht sein Werk vollbringen.

Doch nicht von Dauer bleibt die Liebe
und rasch verwelkt sind alle Triebe,
wenn nur der Magen wird gefüllt,
indes die Seel' vor Hunger brüllt.

Dort liebes Kind, nist' selbst dich ein,
dann wird dein Glück von Dauer sein.

Die kostenlose Therapie

Viktoria Raab

Wer macht sich heut nicht oft Gedanken
um diese Zukunft, was sie bringt?
Dabei ist 's gut, wenn's niemand weiß,
stattdessen froh ein Liedlein singt.

Und ist der Kopf doch voller Sorgen,
lässt keinen Frohsinn zu,
hilft kein Psychiater und kein Doktor,
nicht einmal strenge Bettenruh.

Dann zieh die Wanderschuhe an,
nimm Rucksack, Stock und Hut,
sperr zu dein schönes, trautes Heim
und tu, was gut dir tut.

Spaziere froh durch Feld und Flur,
lass alles hinter dir
und sieh die Wunder der Natur,
die g'schehen für und für.

Leg dich ins duftig grüne Gras
und schau den Wolken nach,
hör zu der Lerche Flügelschlag,
das Plätschern dort am Bach.

Genieß der Sonne warme Strahlen,
die dich umschließen rundherum
und atme ein den Duft der Blumen,
die für dich blühen, grad und krumm.

Geh durch den bunten Blätterwald,
umarme einen Baum,
bitt Gott, er möge Kraft verleih'n
und schenk ihm dein Vertrau'n.

Trittst du dann aus dem Wald heraus,
hol tief noch einmal Luft
und breite deine Arme aus,
halt fest den Waldesduft.

Er ist die beste Medizin
für Körper, Geist und Sinn.
So angewandte Therapie
bringt sicher nur Gewinn.

Nach einer Stunde Wandern
verschwindet mancher Schmerz,
das Atmen wird so leicht und frei,
beglückt dein trauriges Herz.

Zufrieden kehrst du wieder heim
und setzt dich müde nieder.
Der beste Doktor, die Natur,
schenkt dir Gesundheit wieder.

Beim Tee auf See

Sissy Vogg

Bei Rum und Tee, 'nem frisch gebrühten,

lauschen Matrosen in Kajüten

wilden Geschichten und Mythen.

Da wimmelt 's dann von Riesenblüten

oder Drachen, die auf Eiern brüten.

Es gibt Völker mit seltsamen Hüten,

bei denen grausame Kriege wüten

und Köpfe gesammelt werden in Ledertüten.

wie

URIAN

und

UNSTERBLICHKEIT

Urian und der schlaue Bauer

Alfred Bäurle

Es ist eine schwere Zeit. Schon sechzehn Jahre tobt der unsinnige Krieg im Land. Die Schlacht ist geschlagen, aber die Kampfhandlungen sind noch lange nicht zu Ende. Endlose Brandschatzungen machen das Leben der Menschen im Ries zur Hölle. Doch was wäre ein Rieser Bauer ohne seine sprichwörtliche Bauernschläue?

***

Noch schlagen die Flammen aus der Scheune des alten Bauernhofes. Schwarzer Rauch quillt aus dem Heustock. Die Stallungen stehen offen. Das Vieh ist geraubt, Vorratskammern geplündert.

Der treue Knecht liegt erschlagen auf dem festgestampften Lehmboden der Tenne. Die tugendhafte Magd kauert weinend auf einem Strohhaufen. Ihre Kleider sind zerrissen. Geschändet, missbraucht von marodierenden Halunken.

Die Frau des Bauern sitzt zusammengesunken auf dem Rand des Ziehbrunnens und hat das Gesicht auf die Hände gestützt. Sie kann nicht mehr weinen.

Der Bauer Korbinian lehnt gedankenverloren am Stamm des alten Birnbaums. Er schließt die Augen und denkt an seinen Sohn, den sie zum Soldatendienst gezwungen haben. Stumm ist sein Schrei, den er verzweifelt gegen den Himmel richtet. Nahezu eine ganze Stunde lang schwirren unzählige Gedanken durch seinen Kopf und zermartern sein Gehirn.

Ein fast lautloses Geräusch holt ihn zurück in sein Elend. Er spürt einen nach Schwefel riechenden Lufthauch. Müde

öffnet der Bauer seine Augen, traut ihnen nicht, schließt die Lider und öffnet sie erneut. Er erkennt ganz deutlich eine schreckenerregende Gestalt vor sich.
Beide schweigen eine ganze Weile. Dann fängt der unheimlich wirkende Fremde zu reden an.
„Hör zu, alter Bauer, was ich dir sagen will."
Korbinian sieht erschrocken den Fremden an und erkennt den Teufel, den Diabolos.
Wahrhaftig, es ist der Satan. Teufel, Beelzebub, Widersacher, Diabolos, Urian, der Fürst der Unterwelt und weitere Namen kommen ihm in den Sinn, unter denen dieser Widerwärtige bekannt ist.
Mein letztes Stündlein hat geschlagen, fürchtet der Bauer. Will ausgerechnet der mich in sein Reich holen? Ich habe doch mein ganzes Leben lang versucht redlich zu sein. Niemanden habe ich betrogen, bin meiner Frau nie untreu gewesen, habe meine Knechte und Mägde gut behandelt und belohnt. Meinem einzigen Sohn war ich doch immer ein gerechter und guter Vater. Was will Luzifer ausgerechnet hier und jetzt?
Wie ein aufgescheuchter Bienenschwarm rasen die Gedanken durch sein Gehirn. Was will dieser verdammte Höllenfürst von mir?
Gott im Himmel, bitte lass mich nun nicht allein!
Der Teufel spürt die aufgewühlten Gefühle des Bauern. Er wartet eine ganze Weile ab und beginnt mit sanfter Stimme zu reden.
Luzifer tritt nah zu Korbinian hin und flüstert kaum hörbar: „Ich kann dir helfen, vertraue mir, ich werde dir beistehen. Deinen Gott interessiert es nicht, wenn du leidest."
Langsam hebt der Bauer seinen Kopf und blickt seinem Gast in die Augen.

Warum will dieser böse Geselle ausgerechnet mir helfen? Zweifel erschüttern sein ganzes Gemüt. Er überlegt, wie er auf das Angebot reagieren soll.

Indessen holt sein Gast ein Getreidefass, eine Holzmetze, hinter seinem Rücken hervor und stellt es vor Korbinian hin. Das Gefäß fasst ungefähr fünfzig Liter. Es ist mit Goldstücken gefüllt und bis hoch über den Rand mit dem wertvollen, edlen Metall aufgehäuft.

Nur ein Teil davon könnte mir helfen, Saatgut zu kaufen, Vieh und Futter anzuschaffen und Hof und Stall wieder aufzubauen, meine Truhen zu füllen, Vorrat für den Winter zu horten und, und, und …

Aber plötzlich kommen Korbinian erhebliche Zweifel. Welche Bedingungen wird der Widerwärtige stellen? Wie viel Zeit lässt er mir, das Geliehene zurückzuzahlen?

Der Teufel bemerkt, listenreich wie er nun einmal ist, die Überlegungen des Bauern. Er kennt die Seelen der Menschen, ihre Schwäche bei Verlockungen.

„Was sind deine Bedingungen?", richtet Korbinian seine Frage an Urian, den Satan, den Teufel.

Der Angesprochene grinst unmerklich in sich hinein. Sein schofeliges Herz frohlockt. Der Bauer wird seiner hinterhältigen Versuchung wohl nicht widerstehen.

„In zehn Jahren komme ich zurück und dann will ich den Metzen gestrichen voll zurückhaben. was sich darüber hinaus anhäuft, kannst du behalten."

Korbinian überlegt fieberhaft und fragt zurück: „Was noch, wo ist der Haken?"

Der Teufel gibt zur Antwort: „Wenn du den Metzen nach zehn Jahren nicht gestrichen zurückgeben kannst, musst du mir deine Seele in der Ewigkeit überlassen."

Ein längeres Schweigen tritt ein. Satan frohlockt.

Der Bauer grübelt, sucht nach einem Ausweg. Der Preis, in der Ewigkeit im höllischen Feuer zu schmoren, scheint ihm sehr hoch.

Hm, was soll ich machen, wie kann ich diesen hinterhältigen Fürsten der Hölle überlisten?

Es entsteht eine geraume Zeit des gegenseitigen Belauerns.

„Der ist in meinem Netz gefangen", denkt der Teufel, „der entkommt mir nicht." Nur mühsam kann er sein höhnisches Kichern unterdrücken.

Es muss einen Ausweg geben. Es gibt immer mehrere Möglichkeiten. Es müsste doch mit „Luzifer" zugehen, wenn dieser Halunke nicht überlistet werden könnte.

Korbinian richtet schweigend einen verzweifelten Hilferuf nach oben.

Dann – Ja, so könnte es gehen!

Der Bauern wiegt bedächtig seinen Kopf und faltet unauffällig seine Hände.

Dann stellt er fast schüchtern seine Frage:

„Könnte ich, wenn es möglich wäre, den Metzen bis zum Rand gefüllt auch früher zurückgeben?"

„Das schafft er nicht", denkt der Teufel im Stillen, überlegt einige Atemzüge lang und antwortet:

„Gut, damit bin ich einverstanden!"

Korbinian lässt sich Zeit. Dann bückt er sich zum Boden und ergreift mit seiner Rechten eine kurze Holzlatte, die vor ihm auf der Erde liegt.

Mit der linken Hand fasst er die beiden Enden seiner blauen Bauernschürze und zieht sie bis zum Gürtel nach oben.

Der Teufel beobachtet interessiert die Handlungen seines vermeintlichen Opfers.

Nun leitet der Bauer den entscheidenden Schritt ein.

Mit der Latte in seiner rechten Hand streift er die über den Rand angehäuften Goldstücke ab und streicht sie mit einem energischen Ruck in seine Schürze.

Der Teufel schaut verwirrt. Was soll das denn? Nun gibt der Bauer wie gefordert den Metzen gestrichen voll vorzeitig zurück.

Erst jetzt erkennt Beelzebub, dass er überlistet worden ist.

Wütend stampft er mit seinem Pferdefuß auf dem Boden auf und sinkt hinab in sein Reich.

Seitdem, so wird berichtet, soll der Teufel nie mehr Geschäfte mit einem Rieser Bauern gemacht haben.

Der unsterbliche Hase

Manfred Wiedemann

Im Staatswald gab es nur wenige Hasen. Da drei Jagdfreunde aber wussten, dass im nächsten Jahr genauso viele – oder besser genauso wenig – da waren, ob man nun ein paar schoss oder nicht, machten sie jedes Jahr eine „Stamperjagd" auf dieses Wild.

Alle drei waren ältere und erfahrene Schützen mit brauchbarer Trefferleistung. Der Jagderfolg waren zwei oder drei Langohren und, wenn es hoch kam, auch einmal vier. Die Schützen streiften durch den Wald und natürlich war immer ein Wachtelhund dabei. Und diese Hunde fanden immer einen Hasen und wenn es passte, wurde dieser eben geschossen.

Früher oder später kam man an einen Holzlagerplatz, wo eigentlich immer ein Hase war. Der Hase wurde beschossen, aber nicht getroffen, obwohl dieser nach Meinung der drei leicht zu haben gewesen wäre. Gut, es muss nicht jeder Hase geschossen werden und wenn er gesund davonkam, war das ja auch in Ordnung.

Im folgenden Jahr stand ein anderer Jäger günstig zum Hasen am Holzlagerplatz. Der schoss, doch der Erfolg war der gleiche wie im Vorjahr. Natürlich wurde darüber ein wenig gelästert und man war sich sicher, der Hase würde im nächsten Jahr erlegt, denn dann würde der dritte Schütze, der als der sicherste galt, den Hasen schießen.

Nun, die nächste Hasenjagd kam und man richtete es so ein, dass unser Meisterschütze am Holzplatz zu Schuss kam. Es knallte und – der Hase verschwand wie immer gesund im Wald. Die Nachsuche mit dem Hund bestätigte auch diesmal, wie immer, dass dem Lampe nichts passiert war.

Die Freunde kamen überein, man würde auf diesen Hasen nicht mehr schießen.

Er blieb unsterblich.

wie

VORSCHULE

und

VOGEL

Enkelgeschichten: Der Vorschultest

Harald Metz

Da der fünfjährige Dominik schon so gewieft war und zum Beispiel mit Zahlen jonglierte wie sonst nicht einmal ein Siebenjähriger, waren die Eltern der Meinung, dass man den Sohn vielleicht schon ein Jahr früher einschulen könnte.

So kam es, dass Dominik an einem Vorschultest teilnahm. Die Elternteile, welche die Kinder zum Test begleitet hatten, mussten während des Tests jedoch das Zimmer verlassen. Allerdings blieb die Türe zum Flur offen, wo die Erwachsenen saßen. Dominiks Mutter hatte einen Sitzplatz direkt neben der offenen Tür und konnte so akustisch alles mitverfolgen und miterleben, was ihr Sohn da wieder einmal von sich gab.

Die Lehrerin verteilte an die Kinder vor jeder Aufgabenstellung Blätter mit den Tests. Als sie ein Blatt mit verschiedenen Zahlen ausgeteilt hatte, von denen sich die meisten immer wiederholten, erklärte sie den Kindern, dass sie die Ziffer 3 einkreisen oder markieren sollten. Als die prüfende Lehrerin dann durch die Reihen schritt, um die Arbeiten zu begutachten, kam sie auch zu Dominik.

Dieser saß vor dem Blatt und machte keine Anstalten, auf dem vor ihm liegenden Blatt zu agieren. Die Lehrerin versuchte daraufhin, den Jungen zu ermuntern, und sagte zu ihm: „Na Dominik, kreist du mal die 3 ein?" Er: „Nein, das mach ich nicht, ich weiß ja wie eine Drei ausschaut."

Die Lehrerin startete den zweiten Versuch: „Dominik, dann mach es doch für mich." Daraufhin erwiderte der Kleine in gönnerhaftem Ton: „Ja, wenn du nicht weißt, wie eine Drei ausschaut, dann mach ich das für dich."

Dominik hatte übrigens den Test bestanden, aber man hat ihn dann aus den verschiedensten Überlegungen heraus doch nicht früher eingeschult.

Der graue Vogel

Viktoria Raab

Der Opa schimpft in rechter Wut,
er sieht trotz Brille nicht mehr gut.
Er tut sich hart beim Zeitunglesen,
drum ist beim Doktor er gewesen
und als er wieder heim ist kommen,
hat seine Gattin gleich vernommen:
„Solch einen Doktor kannst vergessen!
Der hat die Sehkraft erst vermessen,
dann meint' er noch, der gute Mann,
er säh' es mir eindeutig an,
der graue Star wär' schuld daran,
dass ich nicht richtig sehen kann.
Ich hätt' 'nen Vogel da im Hirn?
Da lang ich mich doch an die Stirn,
der hat doch selber einen Vogel,
der sieht mich nimmer in sein'm Kobel!"
Die Gattin meint: „Jetzt gib doch Ruh
und hör mir endlich einmal zu!
Den Vogel hast du ja schon lang,
grau wird er doch im Alter dann
und schimpfen kannst grad wie ein Star.
Recht hat der Doktor, das ist wahr!"

wie

WINTER

und

WURZEL

Winterglück

Kerstin Jähne

Mal wieder gibt es nichts zu tun. Seit Monaten schon stockt die Auftragslage. Zwei Tischler hat er bereits entlassen – schweren Herzens. Doch die wirtschaftlichen Zwänge ließen es nicht anders zu. Wer lässt sich heute noch einen maßgeschneiderten Tisch zimmern – in Zeiten von IKEA & Co? Verbittert sitzt Tischlermeister Paul Spahn in seiner Werkstatt und beißt dabei nervös auf einem Kaugummi herum. Das tut er immer, wenn er verzweifelt ist.

Dabei hatte alles so gut angefangen. Damals, als sein Haar noch so dicht war, dass er es fast jede Woche stutzen ließ. Immer von seiner Frau – versteht sich –, die dann ganz besonders liebevoll seinen Hinterkopf tätschelte und ihm dabei leise Worte ins Ohr sprach. Damals steckte die Welt noch voller Überraschungen, damals galt Tischlern noch als ein Handwerk mit goldenem Boden. „Holzwurm" hatte er seine Firma stolz getauft. Und nun ist der Wurm drin!

Draußen tobt ein heftiger Schneesturm. „Wer weiß, kann ich die Kohlen nächsten Winter noch bezahlen?", fragt er sich. „Schneeschippen ist auch sinnlos, es schneit ja doch wieder drauf."

Gegenüber an der Wand hängt ein Bild, nichts Besonderes, eher schlicht in bläulichen Pastelltönen gemalt. Meist hängt es einfach so da, fast unbemerkt. Doch manchmal ist es für Paul das Fenster zu einer anderen Welt. Immer dann, wenn er Sehnsucht hat, träumt er sich in die endlose Weite des Ozeans und schickt seine Sorgen mit den weißschäumenden Wellen davon. Heute gelingt ihm das nicht.

Plötzlich klopft es. In der Tür steht ein munteres, grünes Männlein. „Paul, du schaffst das!", ruft es ihm zu. „Bald fliegen hier wieder die Späne. Vielleicht nicht so hoch wie du denkst, doch es wird dich glücklich machen!" Eine vertraute Hand streichelt über Pauls lichtes Haar. Nur sehr langsam dreht er sich um.

„Paul, wach auf!", drängt seine Frau Johanna. „Wir sind Großeltern geworden. Mach den Laden dicht, wir schauen uns den Zwerg an!"

Die sprechende Wurzel

Hannelore Seidel

Auch heute führte mich mein Weg zu dir, geliebter Wald. Die Luft war schon kühl und die Dämmerung bereits hereingebrochen. Deine Blätter hast du längst auf die Erde fallen lassen, um Kraft für neues Leben in den Stämmen und Wurzeln deiner Bäume zu sammeln. Die Tannen stehen aufrecht und streben mit ihren Gipfeln himmelwärts. So gehe ich eine Zeit lang dahin, bis etwas Unruhe in mir aufkommt. Hier ist etwas geschehen – ganz leises Flüstern dringt in mich. Es sind keine Worte, doch nehme ich sie als solche wahr. Vor mir liegt ein etwas älterer, doch wunderschöner Baum am Boden. Die Umgebung ist etwas düster und macht einen traurigen Eindruck. Ein leises Wimmern, fast wie ein Weinen, nehme ich nun wahr. Die Wurzel des Baumes liegt aus der Erde gerissen vor mir. Wie viele Hände, die nach Hilfe suchen, streben die Wurzelverzweigungen in alle Richtungen. Doch sie finden keinen Boden und keine nährende Erde mehr.

Das Flüstern wird etwas lauter.

„Oh, könntest du mir nur helfen, liebes Kind, doch es ist zu spät. Jahrelang stand ich gemeinsam mit meinem Baum im Wald mit all unseren anderen lieben Geschwisterbäumen. Wir hatten wunderschöne Frühlingszeiten, laubrauschende Sommer, die bunte Vielfalt des Herbstes und den schneebedeckten Winter. Stürme zogen über uns hinweg und wir mussten ihnen widerstehen, ihnen standhalten. Es war oftmals sehr turbulent hier – mein Platz, an dem ich wurzelte, nicht unbedingt der günstigste. Meine Verwurzelung war zu flach, ich gab alle Kraft für das Wachstum meines Stammes, der Äste und Blätter. Mein Baum wurde groß und prächtig wie die anderen auch. Doch die vielen Stürme und meine flache Verwurzelung nagten Jahr für Jahr mehr an mir. Oftmals fand ich kaum noch Halt – was ich geben konnte, gab ich mit letzter Kraft. Nun, heute Nacht war das Getöse, der heftige Sturm so übermächtig, dass ich mich nicht mehr halten konnte. Mein prächtiger Baumstamm war am Taumeln und Schwanken, ich hatte keine Kraft mehr, um ihm mit meiner Wurzel Halt zu geben. Er stürzte mit einem ächzenden Aufschrei zu Boden und riss mich, die ihn nährende Wurzel, aus der Erde …

So siehst du nun, mein liebes Kind, der Baum liegt auf der Erde und meine kleinen Wurzeln streben in alle Richtungen, zeigen nun himmelwärts, ringen nach den letzten nährenden Kräften. Sie bestehen nur noch aus Licht, Luft und wenigen Tautropfen. Bald werden diese Nährstoffe aufgebraucht sein und ich werde sterben.

Doch sage ich dir, liebes Kind, es ist in dem Sinne nicht schlimm, denn unsere Zeit ist gekommen. Ich bin doch jetzt schon alt und ich kann mit gutem Gewissen sagen: Ich habe immer dafür gesorgt, dass mein Baum wachsen und gedeihen konnte. Trotz der wenig nährenden Erde, in der ich wurzelte, habe ich alles gegeben, was mir möglich war. Es waren prächtige Jahre, mein Baum hat viele Früchte getragen, die Vögel konnten darauf nisten. Und ich bin dankbar, dass ich alles gegeben habe und dies alles erleben durfte. Nun aber möchten wir in Ruhe miteinander sterben – mein Baum und ich, wir sind bis ans Ende zusammengeblieben.

Wunderschön, dass es so bleiben durfte. Bei einigen meiner Geschwisterbäume war das anders. Ich musste zusehen, wie sie qualvoll ermordet und die Bäume von ihrer Wurzel getrennt wurden. Es kamen Menschen mit einem lauten, kreischenden Gerät und sägten die Stämme gewaltsam ab, trennten sie von ihrer Verankerung, ein gnadenloser Tod. Was nutzt die Wurzel in der Erde, wenn sie keinen Baum mehr ernähren kann? Und was ist ein Baum ohne Wurzel, der nicht mehr wachsen kann?

Ja, siehst du mein liebes Kind, wie grausam diese Menschen oft sind? Sie kommen in den Wald, um zu zerstören, anstatt zu genießen. Ist ihnen denn nicht bewusst, dass sie sich, wenn sie so weitermachen, ihr eigenes Grab schaufeln, sich abtrennen von ihrer Wurzel des nährenden Waldes, der ihnen Sauerstoff und seelische Lebendigkeit schenkt. Wenn es keine Wälder mehr gibt, alles abgeholzt und zu sterilen Gegenständen verarbeitet oder auch verbrannt wird, so wird auch der Mensch nicht mehr sein können.

Erkennst du nun, was ich dir damit sagen möchte? Mein Baum und ich sterben eines natürlichen Todes. Aber wenn mit Gewalt gegen die Natur angekämpft wird und nur noch Betonböden bestehen, wird sich die Natur rächen. Der Mensch selbst wird sich einbetonieren, nicht mehr wissen, was ein Wald ist, und damit zugrunde gehen. Schneide dich nicht selbst ab vom lebenden Organismus der Natur, bleibe verwurzelt bis zum Ende deiner Tage, mit dir selbst und im Einklang mit der Natur. Dann hast du das Richtige getan und kannst in Ruhe sterben. Denn diese Samen, die du nach Hause bringst, werden Früchte tragen."

wie

X-FACHE ÄNDERUNG

und

XANTHIPPE

Xanthippe geht nach Xanten

Uli Karg

Was muss unsere deutsche Schrift, Sprache und Ansage nicht alles aushalten? Kurrent, Sütterlin, Rechtschreibreform, Gendersprache und jetzt: DIN 5009.

Was steckt dahinter?

Das Deutsche Institut für Normung e. V. hat die Buchstabiertafel für Wirtschaft und Verwaltung überarbeitet, der heutigen Zeit angepasst und im Mai 2022 veröffentlicht.

Nach monatelanger Arbeit des Ausschusses wissen wir nun, wie z. B. Eigennamen zu buchstabieren sind. Die Anwendung ist zum Glück freiwillig.

Selbst die mangels eines allgemein bekannten deutschen Vornamens verwendete griechische Xanthippe musste weichen. Nun diktiert man mit Städtenamen aus allen Bundesländern außer Bremen. Diese sind nicht der Mode unterworfen wie Vornamen, so die Begründung.

Was passierte mit Ä, Ö, Ü? Entweder fanden sich keine Städte oder sie waren zu unbekannt. Man einigte sich auf „Umlaut Aachen", „Umlaut Offenbach" und „Umlaut Unna".

Ch und Sch gibt es nicht mehr.

Xanthippe müsste also nach Xanten umziehen, wenn sie im Spiel bleiben will.

Das Buchstabieralphabet in der deutschen Geschichte wurde immer wieder verändert. Meines Wissens hat das „K" den meisten Wechsel über sich ergehen lassen müssen: Im

Deutschen Kaiserreich 1905 hieß es Karl. Daraus wurde in der Weimarer Republik 1926 Katharina. Das NS-Regime 1934 machte daraus Kurfürst. In der ehemaligen DDR kam Konrad ins Spiel und hielt sich lange. Die Postalische Buchstabiertafel von 1950 entschied sich für Kaufmann. Und 2022 ging Kaufmann nach Köln.

Mein Mann war Flieger. Daher ist mir ein anderes Buchstabieralphabet geläufig, das ICAO, International Civil Aviation Organisation. Dieses wird u. a. auch von der Polizei oder von Rettungsdiensten verwendet. Danach buchstabiere ich meinen Namen mit Kilo, Alfa, Romeo, Golf.

Oder sollte ich mich an die Städtereise Köln, Aachen, Rostock, Goslar gewöhnen?

Ich könnte auch noch Samuel Morse bemühen:

− • −

• −

• − •

− − •

Ich will nicht übertreiben!

Gut, dass die Anwendung freiwillig ist.

Xanthippe und Sokrates

Alfred Bäurle

Es lebte einst in Griechenland
ein Philosoph, Vater der Weisheit,
so wird er heute noch genannt.
Er war der Klügste weit und breit.

Da er des Dünkels Stolz umsägte,
sein Wissen zwang ihn glühend heiß,
dass er den wahren Satz einst prägte:
„Ich weiß, dass ich nichts weiß."
Nun wurde allen wohlbekannt
allein schon wegen obigen Zitates:
Sokrates aus Griechenland
war das Genie des guten Rates.

Jedoch sein junges Eheweib
quälte die Philosophie des Gatten,
sie lag mit ihm in stetem Streit,
Tag und Nacht Zwietracht sie hatten.

So kann man lesen in den Fibeln,
Xanthippe war ein böses Weib,
konnte ihre Zunge niemals zügeln,
denn zanken war ihr Zeitvertreib.

Warum sie dennoch Kinder zeugten,
ist im Buch Genesis zu hören,
weil sie sich Jahwes Auftrag beugten,
sich auf Erden zu vermehren.

Als Sokrates vom Hügel des Ares
heimkehrte nach weisen Debatten
nach Mitternacht, sehr spät schon war es,
ließ Xanthippe ihren Gatten

stehen vor verschlossener Pforte.
Sie keifte von oben ohne Pause
im Zorne, giftige, ätzende, böse Worte.
Da wusste Sokrates, er war zuhause.

Er saß zufrieden auf dem Boden,
in Gedanken tief versunken,
da kam vom Fenster hergeflogen
Brühe, trüb war sie und hat gestunken.

Als Xanthippe in großem Grimme
den Nachttopf schüttete auf ihn nieder,
vernahm sie des Gatten leise Stimme,
friedlich summend frohe Lieder.

„Ich wusste doch", hörte sie ihn sagen,
„dass nach Blitz und Gewittertoben
die Wolken Regen zur Erde tragen,
denn alles Gute kommt von oben."

Als beide das Irdische gesegnet
und auf sanften Wolken saßen,
sind sie nach Jahren sich begegnet,
wo sie den Erdenstreit vergaßen.

Sie tauschten friedliche Gedanken
und fassten zugleich den Entschluss,
dass jeder Streit und alles Zanken
auf der Erde enden muss.

„Warum nur", murmelte Sokrates,
„glaubte ich, dass klug ich bin,
dass nur die Denker was Probates
dem Leben geben, Halt und Sinn?"

Xanthippe lächelte, friedlich, froh.
„Ach, wie irrig war mein Trachten.
Hatte im Kopf nur leeres Stroh,
tat jede Geistestat verachten."

Voll Wehmut blickten sie zur Erde
und reichen sich die müden Hände,
wünschten, dass nun Friede werde
und die Eintracht Heimat fände.

Beide flehten inniglich,
dass Geist und Arbeit sich vereinen.
Und jeder still besinnet sich.
Nichts ist groß ohne die Kleinen.

Die Ewigkeit macht offenbar,
erkannten sie voll frohen Mutes,
jeder Streit zeigt sonnenklar,
nur Arbeit und Denken zeugen Gutes.

wie

YSOP

YETI

und

YANKEE DOODLE

Ysop, das heilige Kraut!

Alfred Bäurle

Nicht jeder diese Pflanze kennt,
die man Ysop-Heilkraut nennt.

Als Jahrhunderte lang die Israeliten
in Ägypten Schreckliches erlitten,

befahl Gott vom Himmelsthron
Moses, das Volk zu führen aus der Fron.

Als der Pharao sich dagegen wehrte,
das Leben der Sklaven noch erschwerte,

schritt Jahwe ein und ordnete an,
dass man Blut vom Passahlamm
auffing und darin tauche ein
einen Ysop-Wedel tief hinein,

um zu bestreichen des Hauses Pforte,
damit der Racheengel ohne Worte
erkennen kann, in jener Nacht
Israeliten im Hause halten Wacht.

Der Engel ging vorüber still und leis
und erschlug auf Jahwes Geheiß
jedes Ägypters Erstgebornen,
selbst Pharao hat seinen Sohn verloren.

Er ließ nun seine Sklaven ziehen,
denen Gott die Gunst verliehen.
Sie zogen durch den Wüstensand
und kamen ins gelobte Land.

In der Bibel wird erzählt,
dass David mit Michal war vermählt.
Er hat Batseba auch geschwängert,
die Liste seiner Schuld verlängert.

Doch bereute er seine Tat,
Gott innig um Verzeihung bat.
Mit Ysop möge er ihn waschen rein.
Er möchte doch entsündigt sein.

Von König Salomon wird berichtet,
dass er weise Verse dichtet.
Von Säften, Zedern, Vögeln, Fischen,
von Ysop-Getränken, die erfrischen.

Mit Ysop und Blut, mit Wasser vereinigt,
wurden kultisch Gebäude gereinigt.
Die Zeder ist der Stolz im Libanone,
doch Ysop ist der Demut Krone.

In den Evangelien kann man lesen:
Als Jesus dem Tode nah gewesen,
hat er in Qualen laut geschrien
in Todesnot, es dürste ihn.

Stephaton, der römische Soldat,
mit dem Armen Mitleid hat,
reicht ihm den Ysop-Stab. Er denkt,
der Schwamm, den er in Essig tränkt,
hilft dem blutenden armen Mann,
der unschuldig hing am Kreuzesstamm.
Der Lanzenträger Longius
stand dabei mit viel Verdruss.

Schon seit tausenden von Jahren
haben Ärzte es erfahren,
dass Ysop ist ein heilend Kraut,
das man in aller Welt anbaut.

Bei Husten, großer Atemnot
hilft Ysop und bewahrt vorm Tod.
Selbst zum Veredeln vieler Speisen
kann man den Ysop-Saft nur preisen.

Um die Blüten der Ysop-Pflanzen
gerne auch die Bienen tanzen,
wenn sie mit freudigem Fleiße
saugen ihre Lieblingsspeise.

Man kann daher nicht genug loben
unsern Herrn im Himmel droben,
dass er den Ysop hat erschaffen,
das heilige Kraut hat wachsen lassen.

Yeti und Isidor

Alfred Bäurle

Es war ein langer Arbeitstag heute. Zwei Kollegen hatten sich krankgemeldet. Aber der Auftrag musste unbedingt zu Ende geführt werden. Die Mittagspause und auch die Vesperpause waren daher ausgefallen. Aber er und sein bester Kumpel hatten es geschafft. Ob diese Sonderleistung auch honoriert werden würde, stand freilich in den Sternen.

Aber nun saß er daheim in seiner kleinen Dachwohnung. Nach einem kargen Abendessen und einer kurzen Dusche legte sich Isidor auf das Sofa, löschte das Licht und döste vor sich hin.

Ein kalter Wind stöhnte vor den Fenstern und es begann zu schneien. Es dauerte nicht lange und er schlief ein. Der Fensterriegel knarrte und quietschte. Als ein Windstoß gegen die Glasscheibe drückte, sprang der Fensterflügel auf. Instinktiv zog Isidor seine Wolldecke fester an sich. Trotz dieser widrigen Umstände fiel er in einen tiefen Traum. Das Gefühl, nicht allein zu sein, kam in ihm auf.

Ja! Er täuschte sich nicht. Eine furchterregende Gestalt tauchte vor ihm auf. War es ein Mensch, ein Unhold, ein Bär, ein Affe? Dies vermochte Isidor in seinem Traum nicht zu erkennen.

Eiszapfen hingen an den Haaren des Unheimlichen. Dennoch, dieser seltsame Gast machte nicht den Eindruck, als führte er Gefährliches im Schilde. Das Gesicht des Eindringlings wies grobe Züge auf. Dicke Augenbrauen, an denen gefrorene Tropfen hingen, und die nahezu geschlossenen Lider wirkten zwar bedrohlich, aber doch nicht extrem gefährlich.

Isidor wälzte sich im Schlaf tief atmend hin und her. Dabei erblickte er in seinem Traum die Füße des Fremden. Sie sahen aus wie die Tatzen eines Bären. Hinter ihm türmten sich gewaltige Bergmassive auf, die mit Eis und Schnee bedeckt hoch in den Himmel ragten. Der Mount Everest und der Nanga Parbat tauchten vor den verschlossenen Augen Isidors auf.

Nun wurde ihm klar: Ein ausgewachsener Yeti stand vor ihm. Was tun? Soll ich ihn ansprechen? Aber in welcher Sprache? Wie wird Yeti reagieren? Wird er mich überhaupt verstehen? Unzählige Fragen stürmten durch die Traumphantasie von Isidor. Vielleicht hat er ja nur Hunger und sucht nach etwas Haifischfleisch.

So ein Riese, Isidor schätzte seine Größe auf zweieinhalb bis drei Meter, braucht sicher viel zu fressen. Schweiß trat aus allen Poren des Träumenden.

Eine Dose Thunfisch in Öl und zwei Dosen Heringe in Tomatensoße hatte er im Kühlschrank. Aber ob das diesem Koloss reichen würde?

Gibt es ihn also doch, diesen Geheimnisvollen? Hat Reinhold Messner ihn also doch gesehen? Er hat ja bei Thomas Gottschalk in einer Fernsehsendung behauptet, einen Yeti gesehen zu haben. Hatte dieser kühne Bergsteiger doch nicht geflunkert? Ein Wesen, eine Mischung aus Mensch, Affe, Bär, riesengroß und mit lichtem Fell. Genauso hatte ihn Messner beschrieben.

Nun stand dieses geheimnisvolle Fabelwesen vor seinem Bett. Der Schweiß auf der Stirn des Träumenden wurde kalt. Ein frostiges Erschauern durchströmte Isidors Körper.

Plötzlich hörte er Yeti ganz deutlich sprechen. Woher kannte dieser seine Sprache?

„Ich suche meine Eltern, meinen Bruder und meine Schwester, hast du sie gesehen?"

„Ich würde dir gerne helfen, aber bei allen Heiligen, ich schwöre dir, nie bin ich ihnen begegnet", stammelte Isidor.

Dicke Tränen rannen über die faltigen, wie gegerbtes Fell wirkenden Wangen des Riesen.

„Ich werde im Internet nach ihnen forschen", versprach Isidor und erkannte, dass den Yeti eine abgrundtiefe Traurigkeit übermannte.

„Danke, danke und nochmals danke", hörte er Yeti noch schluchzen.

Der nachlassende Wind raunte eine seltsame Melodie. Der Fensterflügel knarrte und schlug gegen den Rahmen.

Isidor erwachte, als er fröstelnd die Bettdecke wegschob. Der geheimnisvolle Riese war verschwunden.

„Es gibt ihn also doch", murmelte Isidor mehrmals vor sich hin. Aber niemand scheint sein Schicksal zu kennen. Vielleicht sucht er nur etwas Wärme, Freundschaft, Geborgenheit, Liebe.

Ob er diese Sehnsucht jemals bei den Menschen wird stillen können?

Yankee Doodle

Uli Karg

Lisa nimmt den nächsten Umzugskarton zur Hand. Bücher können schon mal weggepackt werden. Langsam lichten sich die Regalborde. So – die nächste Reihe. Dort findet sie noch fast vergessene Schulhefte, Aufsätze und Heimatkunde und das alte Ringbuch, dessen Ecken schon heftige Gebrauchsspuren vorweisen. Lisa blättert es gedankenverloren durch. Hier hat sie Noten, Akkorde und Liedertexte aufgeschrieben, die sie als junges Mädchen gesungen hatte. Wie lange ist das her!

Bei einem Song bleibt sie hängen. Die Erinnerung an das Pfingsttreffen der Pfadfindergruppe am Attersee in Österreich erscheint vor ihrem geistigen Auge. Am letzten Abend saß ihr Jakob am Lagerfeuer gegenüber. Nicht nur die Flammen wärmten ihr Herz, damals und jetzt gerade wieder. Sein vielsagender Blick in ihre Augen dauerte etwas zu lange und öffnete ihr Innerstes.

Was ist wohl aus ihm geworden?

Sie greift zu ihrer Gitarre, stimmt sie und singt.

Für Jakob!

Yankee Doodle went to town,
A-riding on a pony;
Stuck a feather in his hat,
And called it macaroni.

Yankee Doodle, keep it up,
Yankee Doodle dandy,
Mind the music and the step,
And with the girls be handy!

wie

ZEIT

und

ZÄHLEN

Gegen die Zeit …

Wolfgang Rüster

Es war damals, als die Fluggesellschaften sich noch Preiskämpfe lieferten. Man bekam zum Beispiel einen Flug von Teneriffa nach Hamburg für 118 €. Der Rückflug kostete sage und schreibe satte 18 €. So ein Angebot nutzte ich seinerzeit, um die Insel Sylt zu besuchen, wo ich Freunde treffen wollte.

Es war Vorsaison, April, sonnig und leicht windig.

Nach dem Check-in im Hotel machte ich mich sofort auf, um einen Strandlauf zu unternehmen. Die üblichen Strandkörbe waren nur vereinzelt aufgestellt. Als ich schnurstracks die breite Treppe zum Strand hinabrannte, rief jemand: „Halt, kommen Sie zurück!" Verwundert suchte ich den Rufer. Tatsächlich meinte man mich. Ein Mann in einem Pförtnerhäuschen winkte mich zu sich und fragte nach einer Kurkarte. „Wozu denn das?", bat ich genervt um Aufklärung. „Ich möchte nur kurz am Strand laufen!" „Dazu brauchen Sie eine Kurkarte." „Sowas habe ich nicht, woher soll ich wissen, dass man die braucht, um den Küstenstreifen zu betreten." Ich erklärte, dass ich eben erst angekommen sei und wiederholte, dass ich nur ein paar Meter im Sand laufen wolle. Nach einer längeren Diskussion kamen wir letzten Endes überein. Ich bezahlte die geforderten Euros unter der Bedingung, dass ich sie zurückbekam, wenn ich eine Karte vom Hotel bekommen hatte.

Die Kurkarte fand ich übrigens tatsächlich bei den Unterlagen, die ich beim Einchecken im Quartier erhielt.

Am nächsten Tag präsentierte ich die Karte dem Pförtner und beließ ihm die drei Euro als Trinkgeld. Ab da winkten wir uns freundlich zu, wenn ich – nun erlaubterweise – die Stufen zum Strand betrat. Es war eine schöne Zeit auf Sylt, aber die Tage vergingen viel zu schnell.

Die Rückreise begann mit einer Zugfahrt zum Festland. Dann umsteigen, um mit der S-Bahn zu einer Bushaltestelle zu gelangen, von der mich ein Shuttlebus zum Flughafen bringen sollte. So weit, so gut. Den richtigen Bahnsteig fand ich auf Anhieb, den kannte ich ja schon von der Herfahrt. Es prangte auch eine elektronische Anzeige mit der Nachricht: „Nächste Bahn Richtung … in fünf Minuten." Das klappt ja wunderbar, sagte ich zu mir. Doch wie wunderlich: Nachdem mehrere Züge hielten und weiterfuhren, änderte sich die Anzeige nicht. „Nächste Bahn nach … in fünf Minuten."

Langsam wurde ich nervös, denn die Zeit wurde knapp. Schließlich bestieg ich den nächstbesten Zug und hatte Glück, es war der richtige. Der Bus zum Flieger stand ebenfalls bereit und fuhr sofort los, nachdem ich eingestiegen war. So ein Massel. Obwohl ich für die Fahrt reichlich Zeit eingeplant hatte, machte ich mir doch Sorgen, weil an der S-Bahn wertvolle Zeit verstrichen war. Vorsorglich fragte ich den Busfahrer, ob er direkt am Terminal halten werde. Er bestätigte das und sagte noch: „Ich gebe Ihnen Bescheid, wenn wir da sind." Beruhigt nahm ich Platz und ließ die Gegend an mir vorüberziehen. Dreißig Minuten bis zum Boarding, zeigte mir ein Blick auf das Ticket und die Uhr. Na prima, klappt ja alles, frohlockte ich. Da wusste ich noch nicht, was auf mich zukam.

Ich staunte nicht schlecht, als ich mit meinen beiden Trolleys und einem Handgepäck den Bus verließ. Der Flughafen sah völlig anders aus, als ich ihn von der Ankunft in Erinnerung hatte. Außerdem war die Haltestelle baustellenbedingt etwa fünfzig Meter vom Eingang entfernt. Vor ein paar Tagen war hier keine Baustelle. Nun ja, es hilft nichts, da musst du jetzt durch, beruhigte ich mich und stolperte mit den Koffern über die aufgerissene Straße zur Abflughalle.

Drinnen suchte ich die Anzeigetafel. Noch fünfzehn Minuten. Ich las: „Abflug Teneriffa auf Terminal 2". Wo zum Teufel ist Terminal 2? Am nächstgelegenen Schalter fragte ich nach dem Weg. „Es gibt keinen Durchgang von Terminal 1 zum anderen, wir bauen gerade um. Sie müssen außenrum gehen."

Jetzt wird es aber echt eng. Ich hastete, so schnell es mit dem Gepäck ging, zurück auf die Straße und stürzte zu einem Taxi. „Bitte zum Terminal 2!" „Da brauche ich zwanzig Minuten wegen der Bauarbeiten! Wenn Sie es eilig haben, sind Sie zu Fuß schneller!" „Wo entlang bitte? Mein Flug geht in einer Viertelstunde!" „Es ist zwar verboten, aber wenn Sie das schaffen wollen, müssen Sie durch die Baustelle gehen!"

Uff, nun hetzte ich mit den Koffern, die mehr über den Schotter schabten als rollten, dem nächsten Ziel entgegen. Es ging über erhöhte Kanaldeckel, gestapelte Randsteine, wackelige Holzbohlen auf Kanalschächten. Am Abfertigungsschalter angelangt, waren die Räder der Trolleys nicht mehr zu gebrauchen.

„Sie wollen nach Mallorca?", fragte der Herr am Schalter. „Nein, nein, Teneriffa!" „Der Flug ist bereits geschlossen!"

So ein Pech, alle Anstrengung umsonst. Ich wollte eben nach einem Zimmernachweis fragen, da klingelte das Telefon an der Abfertigung. Der Herr rief mir zu: „Sie haben Schwein, Sie können doch noch mit!" Erfreut stellte ich mein Gepäck neben den Schalter und bat um die Bordkarte. „Sie müssen zunächst zu dem Schalter auf der anderen Seite der Halle." Dort angekommen musste ich ein Formular ausfüllen. Die Dame nahm es in Empfang, warf die Durchschläge in den Papierkorb und schickte mich zu einem weiteren Schalter. Hier bekam ich dann im Tausch gegen das Formular die Bordkarte und rannte, inzwischen schweißgebadet, zurück zu meinem Gepäck.

„Nun noch zur Gepäckkontrolle", erfuhr ich jetzt. Gut, dann bin ich endlich das Gepäck los, freute ich mich erleichtert. Nichts dergleichen: „Die Koffer müssen Sie selbst mitnehmen." Enttäuscht schnappte ich mir die beiden und rannte die ewig lange Treppe hinauf. Auf halbem Weg merke ich, dass ich das Handgepäck vor Aufregung und Eile am Röntgengerät stehen gelassen hatte.

Zurück zum Kontrollgerät ohne die anderen Gepäckstücke, das Vergessene greifen und wieder zum Standort des Gepäcks rennen. Auf der Treppe riss ein Gurt des Rucksacks, der rollte die Stufen hinunter. „Mir bleibt heute auch nichts erspart!", murmelte ich zornig. Zum Glück war der zweite Riemen noch o.k. und ließ sich schultern. Am Ende der Treppe angekommen musste ich erst einmal tief Atem holen.

Über die lange Schlange wartender Passagiere vor mir wunderte ich mich zunächst, doch erinnerte ich mich daran, dass etwa gleichzeitig eine Maschine nach Mallorca abfliegen sollte. Sicher warten die auf diesen Flug, dachte ich und wieselte an der Menge vorbei bis zum Kontrollschalter.

„Da haben Sie aber Glück, dass wir eine Viertelstunde Verspätung haben", sagte die nette Kontrolleurin lächelnd. Ich dankte dafür, dass der Flieger wegen mir gewartet hatte. Sodann beeilte ich mich ins Flugzeug zu kommen, um weitere Verzögerungen zu vermeiden. Hier gab ich meine Koffer ab. Simultan erwartete ich, dass mich gleich die anderen Fluggäste böse mustern würden wegen der durch mich verursachten Verspätung. Als ich jedoch die Kabine betrat und auf die Sitzreihen sah, traf mich fast der Schlag.

Die Maschine war menschenleer. Ich war der Erste.

Enkelgeschichten: Zählen

Harald Metz

Dominik geht die zweite Woche in die Schule, in die erste Klasse. Zu Hause erzählt er: „Heute haben wir die Zahl 1 gelernt und die Lehrerin hat gefragt, wer schon zählen kann."

„Und, hast du dich gemeldet?" fragt der Vater.

„Ja klar, ich hab der Lehrerin auch gleich gesagt, dass ich schon bis einhundert zählen kann, aber sie sagte, ich soll erst einmal bis zehn zählen."

Dominik muss mit Eifer dabei gewesen sein, denn er führte noch aus: „Ich hab der Lehrerin dann nochmal gesagt, dass ich wirklich bis einhundert zählen kann. Sie meinte dann, ich soll erst einmal anfangen zu zählen und ich fragte sie: ‚Auf Englisch oder auf Deutsch?' ‚Dominik, auf Deutsch', sagte sie. Ich fragte sie dann wieder, ob ich nicht doch bis hundert zählen soll, aber sie meinte, dass dazu nicht genug Zeit sei. Dann hab ich halt nur bis zehn gezählt."

Weitere

bereits bei BoD

erschienene Bücher

des

Autorenclub Donau-Ries

Was tun in Zeiten, in denen Lesungen nicht möglich waren und das Reisen schwierig bis unmöglich war? Der **Autorenclub Donau-Ries** fand Antworten – in Zusammenarbeit mit der Donauwörther Zeitung und den Rieser Nachrichten.
Die Autorinnen und Autoren hegten und pflegten ihre guten Ideen. So gediehen Dutzende von Sommer- und Herbstgeschichten, lustige wie nachdenkliche, von kindgerecht bis altersweise. Sie fanden ihren Weg in dieses Buch.
Im Herbst 2020 wuchs zudem die Idee, an der Volksschule Megesheim einen Kurzgeschichtenwettbewerb auszuloben. Die drei besten Geschichten finden sich ebenfalls in diesem Buch.

ISBN: 9-7837-5349-7211 8,90 €

Wer sich Hund, Katz oder Federvieh anschafft, dem wird es nie langweilig! Davon zeugen diese Kurzgeschichten der Mitglieder des **Autorenclub Donau-Ries** – von selbst erlebt bis frei erfunden. Manchmal kommt auch ein Tier zu Wort, und neben lustigen, herzerwärmenden und spannenden Texten findet sich Nachdenkliches und kriminell Gutes in dieser Sammlung. Kurzweiliger Lesespaß für Herrchen, Frauchen und alle, die es werden möchten.

ISBN: 9-7837-4489-8539   **9,99 €**

(Vor)weihnachtliche Geschichten und Gedichte
Überall dort, wo Menschen die Adventszeit und das Weihnachtsfest erleben, geschehen schon immer seltsame, besinnliche oder heitere Dinge.
Die Mitglieder des **Autorenclub Donau-Ries** erzählen in Kurzgeschichten und Gedichten, wie sie diese Zeit erlebt haben und erleben.

Dieses Buch schrieben Menschen im Alter von 45 bis 85 Jahren. Sie übten bzw. üben ganz unterschiedliche Berufe aus.

ISBN: 9-7837-4815-1159   **9,99 €**

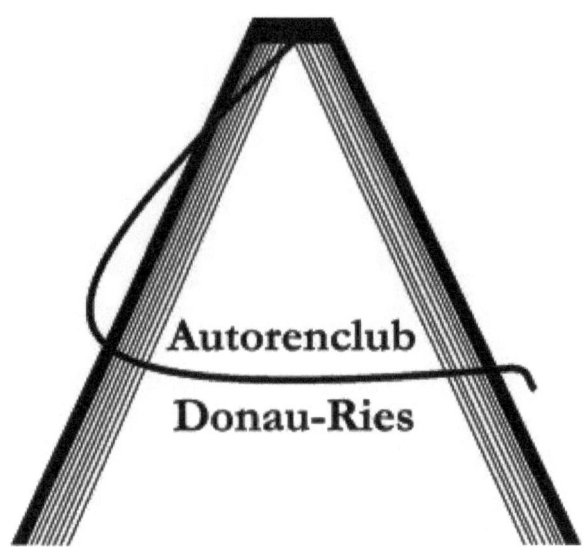

Nähere Informationen über die Autorinnen und Autoren des **Autorenclub Donau-Ries** finden Sie auf der Clubhomepage **www.autorenclub-donau-ries.de.**

Dort finden Sie auch die Möglichkeit der direkten Kontaktaufnahme mit den Autorinnen und Autoren.